알고리드믹 스테이블코인

커뮤니케이션이해총서

급변하는 커뮤니케이션 환경에서 새로운 지식에 대한 욕구가 높아지고 있습니다. 이러한 흐름에 발맞추어 하나의 커뮤니케이션 주제를 10개 항목으로 묶어서 달걀 꾸러미처럼 엮었습니다. 사회의 변화를 빠르게 알기 원하는 대중과 시대에 앞선 지식을 단시간에 알고자 하는 연구자, 실무자, 학생에게 도움이 되는 책입니다.

일러두기

- 인명, 작품명, 저서명, 개념어 등은 한글과 함께 괄호 안에 해당 국가의 원어를 병기했습니다.
- 외래어 표기는 현행 어문규정의 외래어표기법을 따랐습니다.

커뮤니케이션이해총서

알고리드믹 스테이블코인

이건호

대한민국, 서울, 커뮤니케이션북스, 2026

알고리드믹 스테이블코인

지은이 이건호
펴낸이 박영률

초판 1쇄 펴낸날 2026년 3월 6일

커뮤니케이션북스(주)
출판 등록 2007년 8월 17일 제313-2007-000166호
02880 서울시 성북구 성북로 5-11
전화(02) 7474 001, 팩스(02) 736 5047
commbooks@commbooks.com
www.commbooks.com

CommunicationBooks Inc.
5-11, Seongbuk-ro
Seongbuk-gu, Seoul, 02880, KOREA
phone 82 2 7474 001, fax 82 2 736 5047

ISBN 979-11-430-1972-1 04300

책값은 뒤표지에 표시되어 있습니다.

차례

위험하지만 중요한 실험

화폐, 암호화폐, 가격 변동성

화폐의 핵심적 기능은 욕망 대체(want substitution)다. 화폐는 개인의 상이한 욕망에 대한 대체재 역할을 통해 원활한 교역을 돕는다. 이를 위해 다양한 사물에 대한 개인의 욕망을 '생선 두 마리 혹은 곡물 한 주머니는 각각 화폐 1단위와 동일하다'와 같은 방식으로 표준화할 수 있어야 한다. 화폐는 또 현재의 욕망을 미래의 욕망으로 대체하는 수단이 된다. 이를 위해 구매력 보존, 즉 화폐 1단위의 실질적인 교환 가치가 안정적으로 유지되어야 한다. 교환의 매개체(midium of exchange), 가치의 척도(unit of account), 가치 저장 수단(store of value)은 분리 불가능한 화폐의 3대 속성이다.

욕망의 표준화와 구매력 보존이 불가능하다면 화폐가 욕망 대체 기능을 원활히 수행할 수 없다. 사람들이 화폐를 신뢰하고 자신의 노동이나 생산물과 교환하려 하지 않을 것이기 때문이다. 다만 명목화폐를 사용하는 현대 사회에서 인플레이션이 일상적 현상이 되면서 화폐의 가치 저장 기능에 대한 기대가 과거와 크게 달라졌다. '역사는 인플레이션의 역사, 그것도 대부분 정부가 스스로를 위해 만들어 낸 인플레이션의 역사다'라는 프리드리히 하이에크(Friedrich A. Hayek)의 주장과 같이 사람들은 법정화폐의 구매력이 점진적으로 하락하는 것을 어쩔 수 없는 현실로 받아들이게 되었다(Hayek, 1976). 그러나 2009년 최초의 암호화폐(cryptocurrency)인 비트코인이 세상에 모습을 드러내자 화폐의 본질에 대한 열띤 논쟁이 벌어졌다. 많은 사람들이 탈중앙화(decentralization)라는 혁신적 이념에 매료되었고, 국가와 은행의 통제를 벗어난 암호화폐가 새로운 화폐로서 금융 시스템을 혁신하고 자유로운 경제 질서 구현을 촉진할 것으로 기대했다. 비트코인은 궁극적인 총발행량이 제한되어 구매력 보존이 가능하다는 기대가 하이에크의 비판적 시각과 맞물리면서 '인플레이션을 벗어날 수 없는 법정통화는 국가에 의한 사기'라는 극단적인 주장도 나타났다. 비트코인이야말로 진정한 궁극의 화폐라고 믿는 열렬한 지지자 기반이 급속히 확산되었다. 뒤를 이어 수많은 암호화폐들이 우후죽순처럼 개발되어 저마다 기반 확대를 적극적으로 추진한 것도 매우 자연스러운 현상이었다.

암호화폐 지지자들의 희망은 이내 극심한 가격 변동성

이라는 현실적인 벽에 부닥쳤다. 비트코인을 비롯한 암호화폐는 시장 가격인 법정통화와의 교환 비율이 하루에도 수십 퍼센트를 오르내리는 치명적 약점을 가지고 있었기 때문이다. 일확천금을 꿈꾸는 투기꾼이나 제도권 내부의 금융 활동이 곤란한 범죄자들에게는 매력적인 투자 대상이나 결제 수단이 될 수 있어도 일반적인 화폐의 기능을 기대하기는 어려웠다. 기존 법정통화를 기반으로 생활을 영위하는 일반 대중이 일상적 거래의 지급 결제나 저축 수단으로 받아들이기 어려운 것은 물론, 어느 정도는 위험 부담을 감수할 용의가 있는 투자자들조차 선뜻 자금을 투입하기가 쉽지 않았다(Almeida & Gonçalves, 2022).

암호화폐의 구매력이 예측 불가능하게 변동하는 것은 법정화폐의 구매력이 점진적으로 감소하는 것과는 전혀 다른 차원의 문제였다. 극심한 변동성은 공급의 경직성, 제도적 완충 장치의 부재, 그리고 무엇보다 화폐를 뒷받침하는 사회적 합의의 취약성이 그대로 드러난 결과였기 때문이다. 안정성이 결여된 화폐는 투기의 대상이 될지언정 실물 경제에 뿌리를 내리기 어렵다는 냉정한 현실을 궁극의 화폐라는 비트코인을 비롯한 암호화폐가 역설적으로 보여 준 셈이었다.

스테이블코인은 암호화폐, 대체불가토큰(NFT), 토큰

증권(security token), 다양한 실물 및 금융 자산을 디지털 자산으로 변환한 현실세계 자산(real world asset, RWA) 토큰 등을 거래하는 디지털 경제 생태계를 위해 오프라인 경제 생태계의 화폐와 동일한 역할을 담당할 목적으로 개발되었다. 암호화폐의 기술적 장점을 살리면서도 가격 안정성을 확보하려는 노력의 산물이며, 단순한 기술적 진보보다 안정성을 혁신의 근본 요건으로 인식한 결과다. 오늘날 스테이블코인은 단순히 디지털 자산 거래자들의 편의를 위한 도구에 그치지 않고 탈중앙화 금융(DeFi)의 필수 하부구조로 자리 잡아 디지털 경제 생태계의 원활한 작동과 발전을 견인하는 교두보 역할을 수행한다. 대부분 국가에서 아직까지 일상적 지급 결제의 도구로 공식적인 인정을 받지 못하고 있는 상태지만 국가와 같은 중앙화된 권위에 의존하지 않는 스테이블코인이 완벽한 화폐의 형태를 찾아가는 여정에서 매우 중요한 의미를 가진다는 것만은 부인하기 어렵다.

안정성과 중앙화의 딜레마

스테이블코인이 구매력의 절대 수준을 보존하지는 못하지만 이는 법정화폐의 경우도 마찬가지다. 스테이블코인은 토큰의 구매력에 대한 시장의 상대적 평가, 즉 시장 가격을 특정 자산과 동일한 수준으로 유지하는 것을 목표로 한다. 이처럼 목표 가격의 기준이 되는 자산을 준거 자산(reference asset)이라 한다. 2025년 말 현재 시장에서 거래되는 스테이블코인의 대부분은 미국 달러를 준거 자산으로 지정한 '달러 스테이블코인'이다. 대부분 스테이블코인의 준거 자산은 달러와 같은 법정통화지만 금과 같은 귀금속을 준거 자산으로 지정하는 경우도 없지 않다.

달러 스테이블코인은 토큰의 시장 가격을 미화 1달러로 유지하는 것을 목표로 발행된다. 스테이블코인과 준거 자산이 시장에서 1대 1로 교환된다는 것은 양자가 동일한 구매력을 가진다는 의미다. 그러나 현실적으로 시장에서 스테이블코인과 준거 자산의 1대 1 교환이 가능한 상태를 안정적으로 유지하는 것은 쉽지 않다. 그래서 일반적으로 스테이블코인과 준거 자산의 시장 가격이 근접한 수준에 머무르는 한 양자의 연결성, 즉 페그(peg)도 유지되는 것으로 본다. 개발자들은 다양한 방법론을 이용해서 페그 유지를 위한 안정화 메커니즘(stabilization mechanism)을 구축한다(Ante et al., 2023).

가장 직관적이고 널리 사용되는 안정화 메커니즘의 구축 방법론은 자산 담보 혹은 법정통화 담보 모델이다. 이때 '담보'라는 표현은 토큰 보유자가 상환을 요구하면 발행자가 준거 자산을 인도한다는 약속을 뒷받침하기 위한 준비 자산(reserve asset)이라는 의미다. 이론적으로는 발행자가 충분한 규모의 준거 자산을 준비 자산으로 확보한 상태에서 토큰을 발행하는 것이 바람직하다. 그러나 현실적으로 준비 자산이 반드시 준거 자산과 동일해야 할 필요는 없다. 실제로 법정화폐를 준거 자산으로 지정한 스테이블코인의 대부분은 현금 이외에 예금과 채권 등 수익을 발생시키는 금융 자산을 준비 자산에 포함시킨다.

자산 담보형 모델의 스테이블코인은 본위화폐 시대의 은행권과 유사한 속성을 가지고 있다. 이 모델의 강점은 단순 명료하다. 준거 자산이 법정화폐인 경우 발행자가 준비 자산을 충분히 보유하고 있다는 사실만 확인되면 일반 대중이 발행된 토큰과 준거 자산의 등가성을 인정할 수 있고, 따라서 안심하고 지급 결제에 이 토큰을 사용할 수 있다. 그러나 일반 대중은 토큰의 태환성(convertibility)이 발행자가 충분한 준비 자산을 확보하고 있는 경우에만 유지된다는 것을 잘 알고 있다. 준비 자산이 양적으로 부족하거나 질적으로 부실화되는 경우 토큰은 시장에서 목표 가치를 유지할 수 없다. 페그의 유지가 어려워지면 발행자에게 토큰의 상환 요구가 쇄도하는 코인 런(coin run)이 발생할 수 있다. 전통 금융 시장의 뱅크 런(bank run)

과 유사하게 명확한 실체를 정의하기 어려운 '시장의 신뢰'라는 추상적 개념이 자산 담보 모델의 유효성을 위협할 수 있다. 즉 실제로는 발행자가 페그의 유지가 가능한 수준의 준비 자산을 확보한 상황이라도 시장이 이를 신뢰하지 못하면 페그가 붕괴될 수 있다.

자산 담보 모델의 안정화 메커니즘은 시장의 신뢰를 확보하기 위해 중앙화와 규제에 의존해서 작동할 수밖에 없다. 토큰의 태환성 유지에 필요한 준비 자산을 보관하고 관리하는 주체가 명확히 정의되고 준비 자산의 관리 상태에 대한 엄격한 규제와 감독을 받아야 한다(Mahrous et al., 2025). 최대 규모의 달러 스테이블코인인 테더(USDT)의 경우 과거 규제 및 감독의 투명성 부족으로 단기적으로 페그 붕괴의 초기 단계에 해당하는 위기 상황을 여러 차례 경험했다. 이와 대조적으로 미국 규제 환경과 은행 시스템의 지원을 받는 유에스디코인(USDC)은 투자자와 기업이 비교적 안심하고 사용할 수 있는 것으로 인정받아 보다 안정적으로 페그 유지가 가능했다.

자산 담보 모델은 중앙은행이 개별 은행을 지원하는 이중 화폐제도(2-tiered money system) 도입 이전인 자유은행 제도(free banking system)하에서의 은행 예금과 유사하다. 즉 토큰의 태환성을 전적으로 개별 발행자의 상환

능력에 의존한다. 이론적으로는 발행자에 대한 강력한 규제 및 감독이 전제되면 안정적으로 태환성을 유지할 수 있어 안정적 지급 수단이라는 화폐의 기능을 비교적 잘 수행할 것으로 기대할 수도 있다. 하지만 개별 발행자가 확보 가능한 준비 자산의 규모가 곧바로 토큰의 발행 한도를 결정한다는 점에서 빠른 유동성 공급이나 이를 중심으로 한 경제 생태계의 확장에 제약을 받을 수도 있다(Hajek et al., 2024).

자산 담보 모델은 또 기존 금융 시스템의 연장선상에 머무를 수밖에 없어 디지털 경제 생태계가 추구하는 탈중앙화라는 근본 원리와 이념적으로 상충된다는 비판에서도 자유롭지 못하다. 안정성의 이면에 중앙화와 규제 의존성 강화라는 역설을 안고 있는 모델의 한계 때문에 자율적이고 분산된 경제 질서를 꿈꾸는 개발자들은 보다 탈중앙화된 모델을 모색하려는 노력을 지속할 수밖에 없었다.

알고리즘의 유혹과 탐욕의 뫼비우스 띠

암호화폐 지지자들은 모든 개인이 국가나 은행 및 대기업 등 중앙화된 권력의 통제와 감시를 벗어나 자율적으로 거래를 실행할 수 있는 자유로운 경제 질서의 구축을 추구한다(Lessig, 1999). 안정성 확보를 이유로 중앙화된 관리

주체와 규제 및 감독에 의존할 수밖에 없다면 스테이블코인 또한 디지털 경제 생태계의 화폐로 부적절하다는 것이다. 그래서 암호화폐의 근본 철학인 무검열 및 탈중앙화의 이념과 상충되는 자산 담보 모델의 대안을 찾기 위해 노력했다.

알고리드믹(algorithmic) 스테이블코인은 '코드가 법이다(Code is law)'라는 탈중앙화의 철학을 화폐라는 형태로 구현하려는 가장 순수하면서도 급진적인 시도다. 수많은 개발자들이 물리적인 준비 자산의 제약에 얽매이지 않고 오직 알고리즘과 시장 참여자의 합리적 행동에만 의존해서 토큰과 준거 자산의 시장 가격을 안정적으로 연동시키는 안정화 메커니즘의 탈중앙화를 추구한다. 이들의 궁극적인 목표는 중앙화와 규제에 의존하지 않게 기존 금융 시스템과의 연결 고리를 완벽하게 단절하고 디지털 경제 생태계 내부의 논리만으로 작동하는 디지털화폐를 만드는 것이라고 볼 수 있다(Lyons & Viswanath-Natraj, 2020).

탈중앙화의 이상을 화폐 제도로 구현하기 위해 준비 자산에 의존하지 않는다는 원칙은 단순히 담보 확보에 필요한 자본을 절약하기 위한 기술적 실험이 아니라 거대한 철학적 도전이다. 일부 개발자들의 과욕으로 인한 무분별한 실험은 일시적으로 엄청난 성공을 거둔 것 같은 착시 현상을 일으키기도 했지만 아직까지 완전한 성공에 이르기는 요원한 것이 현실이다. 달러 스테이블코인인 테라(TerraUSD, UST)의 개발자는 준비 자산 없이 발행자가 네트워크의 내생 토큰인 루나(LUNA)만을 이용해서 빠르게 네트워크 외부의 유동성을 확보할 수 있는 방법론을 개발했다. 이와 더불어 동일한 네트워크에 테라를 투자 매개체로 고수익 기회를 제공하는 디파이(Defi)를 개설해서 투자자의 탐욕을 자극함으로써 테라 발행을 위한 루나의 수요를 폭발적으로 늘려 네트워크의 급속한 성장을 견인했다. 마치 무에서 유를 창조하는 것과 같은 이러한 혁신은 한때 엄청난 성공으로 여겨졌지만 장기간 지속되기 어려웠다. 투자자의 탐욕에 기대어 네트워크의 빠른 성장을 추구하는 전략이 엄청난 위험을 내포하고 있었기 때문이다(이건호, 2022).

2022년 5월, 일시적인 대규모 매도 압력으로 촉발된 시장의 불신이 빠르게 확산되자 순식간에 테라의 페그가 붕괴되고 수십억 달러의 가치가 증발하면서 수많은 투자자에게 막대한 손실을 안겼다. 안정화 알고리즘이 루나를 추가로 발행해서 테라를 매입하는 방식으로 페그를 회복하려 했지만 이미 시장의 신뢰가 무너진 상황에서는 아무런 효과를 발휘하지 못했다. 두 토큰의 시장 가격이 빠른 속도로 동반 하락하는 상호 강화 작용으로 인해 죽음의 소용돌이(death spiral)를 빠져나올 방법이 없었던 것이다. 흔히 테라 사태라 불리는 이 사건은 단순한 페그 붕괴를 넘어 네트워크 자체의 몰락은 물론 디파이를 연결고리로 생태계 내부의 수많은 다른 네트워크들이 연쇄적으로 무너지는 엄청난 결과를 가져왔다.

테라 사태는 코드와 시장의 기대 심리에 의존하는 안정화 메커니즘만으로 국가의 강력한 권위나 준비 자산의 실질적인 가치가 뒷받침하는 것처럼 안정적으로 페그를 유지하는 것이 쉽지 않다는 것을 명확하게 보여 주었다. 디지털 경제 생태계에서 화폐의 역할을 수행함에 있어 시장의 신뢰라는 무형의 가치가 얼마나 중요한지, 그리고 오직 알고리즘만으로 시장의 신뢰를 확보하려는 노력이 실패할 때 어떤 비극이 발생하는지를 깨우쳐 주었다. 한걸음 더 나아가 안정화 메커니즘의 구조적 불안정성이 발행자 및 투자자의 탐욕과 결합될 때 스테이블코인 자체가 디지털 경제 생태계 전체의 위험을 폭발적으로 증폭시키는 뇌관이 될 수 있다는 것도 명백히 드러났다. 탐욕으로 쌓아 올린 표면적 성공은 시스템 리스크의 축적에 따른 착시 효과이며, 작은 충격에도 급격한 붕괴에 직면할 수 있는 사상누각에 지나지 않는다. 일단 본격적인 페그의 붕괴가 촉발된 이후에는 알고리즘이나 시장 자체의 복원력이 이를 저지하는 것은 사실상 불가능해진다.

테라 이외에도 알고리드믹 모델은 수많은 실패 사례가 반복되었고, 알고리즘에 의존하는 것만으로 탈중앙화 화폐의 이상을 완벽히 구현한 안정화 메커니즘을 구축하는 것이 쉽지 않다는 것이 거듭 확인되었다. 하지만 테라 사태가 유독 특별한 의미를 가지는 것은 알고리드믹 모델이 발행자, 네트워크 이용자, 그리고 디파이 투자자 모두에게 거부할 수 없는 유혹이 될 수 있다는 것을 보여 주었기 때문이다. 스마트 콘트랙트를 지원하는 레이어 1(L1) 네트워크의 내생 토큰을 해당 네트워크에서 발행되는 스테이블코인의 매입 자금을 지급하는 수단으로 사용하면 스테이블코인 발행 만으로도 내생 토큰의 수요 증가를 촉발시켜 네트워크의 성장을 견인할 수 있다. 높은 이자율의 스테이블코인 예금을 제공하는 디파이를 구축하면 투자자의 탐욕을 자극해서 내생 토큰에 대한 수요를 더욱 빠르게 증가시킬 수 있다. 자본 이득과 높은 이자율에 현혹된 내생 토큰 보유자 및 디파이 투자자가 일단 이런 방식의 빠른 성장에 익숙해지면 시스템 리스크 축적에 대한 우려가 제기되어도 크게 개의치 않는 현상이 나타나기 쉽다. 이런 상황에서 어느 순간 시장 충격이 발생하면 실제로는 폰지(Ponzi) 게임에 불과한 취약한 구조가 떠받쳤던 생태계의 모든 것이 일거에 무너져 내릴 수밖에 없다(Arner et al., 2020).

탐욕은 알고리드믹 모델을 지탱하는 가장 강력한 힘인 동시에 시스템 리스크를 증폭시키는 치명적인 약점이다. 신기술에 대한 기대라는 알고리드믹 모델의 성장 동력이 탐욕과 결합되면 치명적인 결과를 가져올 수 있다. 네트워크 운영자는 자신이 보유한 내생 토큰의 가격 상승에 의한 자본 이득과 네트워크의 급속한 성장으로 상당한 이익을 얻을 수 있는 기회를 포기하는 것이 쉽지 않다. 하지만 디파이 프로토콜이 실질적인 가치 창조를 통해 고수익을 창출하는 투자 기회를 창출하고 이를 유지하는 것은 더욱 어렵다. 네트워크 운영자가 탐욕을 억제하지 못하면 디파이와 스테이블코인으로 뫼비우스 띠(Möbius strip)와 같은 구조를 만들어 내기 쉽다. 이 경우 첨단 기술로 포장된 알고리즘의 유혹은 다양한 시장 참여자들을 탐욕으로 연결된 파멸의 구렁텅이로 몰아가게 된다.

탈중앙화를 지지하는 일부 투자자에게 새로운 금융 혁신에 참여하면서 동시에 높은 수익률을 달성할 수 있다는 기대감을 갖게 만들면 단순한 이익 추구를 넘어 거의 신앙에 가까운 투자를 촉발시킬 수 있다. 네트워크 운영자의 탐욕이 지속 불가능한 성장 추구를 부추기고 이용자와 투자자의 탐욕과 기대가 이에 동조하는 순간 시스템은 안정성이 아닌 팽창을 향해 달음박질치는 취약한 구조가 된다. 투자자의 시장 참여가 빠르게 증가하고 있는 동안은 안정화 메커니즘이 정상적으로 작동하는 것처럼 보여도, 일단 페그의 지속성에 대한 신뢰가 흔들리고 참여자들이 급속히 이탈하기 시작하면 완전히 다른 상황이 전개된다. 수많은 알고리드믹 모델의 실패 사례는 교환의 매개체에 대한 신뢰를 구축하려는 순수한 노력이 탐욕이라는 인간의 원초적 욕망에 쉽게 굴복할 수 있음을 보여 준다.

시장이 왕이라는 현실

인간의 감정이나 행동은 본질적으로 예측이 불가능하다. 하지만 알고리드믹 모델의 안정화 메커니즘은 시장의 신뢰와 시장 참여자의 이성적 행동이라는 가정에 절대적으로 의존하기 때문에 구조적 취약성에 노출된다. 알고리드믹 모델은 마법을 동원해서 준비 자산이나 국가적 권위의 뒷받침 없이도 페그의 안정성을 유지하는 것이 아니다. 단지 시장 참여자에게 적절한 차익 거래(arbitrage) 기회를 제공해서 토큰의 수급을 조절함으로써 시장 가격에 영향을 미치려는 불완전한 방법론에 불과하다. 수학적 규칙으로 해석한 가격 결정 이론을 토대로 토큰과 준거 자산의 시장 가격을 연계시키는 혁신적 신기술은 시장이 패닉에 빠지는 극단적 상황에서 근본적인 한계를 드러내며 무력화되기 쉽다. 수많은 실패 사례들이 명백히 보여 준 것처럼 코드가 법이라는 이상은 시장이 왕이라는 현실 앞에 무릎을 꿇을 수밖에 없다.

알고리드믹 모델의 대표적 성공 사례로 주목받았던 테라가 이러한 기술의 한계를 가장 극적으로 드러내면서 붕괴된 것은 엄청난 역설이다. 하지만 테라 이외에도 비교적 소규모 알고리드믹 모델의 실패 사례는 수없이 많다. 베이시스 캐시(Basis Cash)는 테라와 유사한 방식의 공급 총량 조절 알고리즘이 수요 충격에 얼마나 민감한지를 보여 주었다. 시장 가격 유지를 위해 스마트 콘트랙트가 직접 개인이 보유하고 있는 토큰의 수량을 변화시키는 암플포스(Ampleforth) 같은 리베이싱 모델은 오히려 이용자의 혼란을 초래해서 신뢰 확보에 어려움을 겪었다. 발행자가 네트워크의 내생 토큰 이외에 유에스디코인 같은 다른 스테이블코인을 부분적 담보로 활용하는 하이브리드 모델의 아이언 파이낸스(Iron Finance)는 유동성 부족 때문에 코인 런에 대한 취약성을 드러냈다. 프락스(Frax)는 비교적 성공적으로 운영되던 부분 담보 방식의 하이브리드 모델이었지만 스스로 완전 담보 모델로 전환했다.

이처럼 순수한 형태는 물론 일부 보완된 형태의 알고리드믹 모델조차도 페그의 안정성을 충분히 보장할 수 없다는 사실이 반복적으로 입증되면서 시장의 신뢰가 무너지는 순간 시스템이 붕괴하는 것은 수학적 규칙이나 코드의 문제가 아니라 인간 심리와 시장 구조의 문제라는 것이 명백해졌다. 알고리드믹 모델의 성패가 기술 혁신 이외에 군집 행동(herding)과 공황 매도(panic selling) 같은 행동재무학적 요인에 의해서도 크게 좌우된다는 것은 수많은 실패에 의해 확립된 중요한 교훈이다(Arner et al., 2020).

실패로부터 얻는 교훈

수많은 실패 사례는 규제 당국과 시장 참여자 모두에게 중요한 교훈을 제공한다. 알고리드믹 스테이블코인의 페그 붕괴는 피해의 확산 속도와 규모가 자산 담보 모델과 비교할 수 없을 정도로 심각할 수 있기 때문에 디지털 경제 생태계뿐 아니라 전통 금융 시장의 안전성에도 심각한 위협이 된다(Cengiz, 2025). 하지만 빠르게 변화하는 기술 환경 속에서 성장해 온 분산원장 기술의 활용에 대한 지나친 규제는 디지털 경제 생태계의 경쟁력을 상실하게 만들 위험이 크다. 규제 및 감독 당국은 과도하게 엄격한 규제가 혁신 동력을 억제하고 새로운 금융 실험의 가능성을 차단하는 결과를 가져오지 않도록 위험을 억제하면서도 합리적 활동 공간을 마련하는 균형적 접근을 취해야 한다.

암호화폐의 출현 이후 디지털 자산 생태계의 성장 과정에서 규제 및 감독 당국이 얻을 수 있었던 가장 중요한 교훈의 하나가 규제는 양면성을 가진다는 점이다. 무조건적인 금지가 단기적으로 특정 위험을 차단할 수는 있지만 장기적으로 규제 사각지대를 이용한 그림자 시장을 키워 투자자 보호와 시장 안정성 유지를 더욱 어렵게 만들 수도 있다(Moura de Carvalho et al., 2025). 실제로 일부 디지털 자산 프로젝트가 해외로 도피하거나 비공식적인 방식으로 운영되어 규제 당국이 통제하기 어려운 새로운 위험을 낳은 사례는 어렵지 않게 찾아볼 수 있다.

알고리드믹 모델이 디지털 경제 생태계의 효율적인 성장 전략과도 깊이 연결되어 있다는 점도 유념할 필요가 있다. 탈중앙화 화폐의 이상을 가장 급진적으로 시험하는 알고리드믹 모델은 구조적으로 높은 실패 가능성을 내재하고 있지만 여전히 중요한 의미를 가진다. 지금 이 시각에도 수많은 레이어 1 및 레이어 2 네트워크들이 외부 자금에 의존하지 않고 알고리드믹 스테이블코인을 발행해서 유동성을 확보하는 방식의 성장 전략을 적극적으로 추구하고 있다. 이러한 시도는 커다란 위험을 내포하고 있지만 기술적 진보와 이념적 탐구를 결합하는 혁신의 촉매제로서의 존재 가치를 무시할 수는 없다(Mahrous et al., 2025). 자산 담보 모델이 안정성을 무기로 기존 금융 시스템과 디지털 경제 생태계를 잇는 연결 고리의 역할을 수행한다면, 알고리드믹 모델은 디지털 경제 생태계의 수많은 프로젝트들이 독자적 커뮤니티를 구축하고 성장해 나가기 위한 효율적인 수단이 될 수 있다.

기술 혁신이 지속 가능한 진화를 견인하기 위해서는 기술적 설계와 더불어 제도적 성숙도와 이해 관계자의 사회적 책임이 함께 요구된다. 알고리드믹 모델의 실험이 성공하려면 개발자와 이용자의 책임 있는 선택이 특별히 중요하다는 것은 당연하다. 하지만 이용자 및 투자자도 순수 알고리즘만으로는 페그의 안정성을 보장하기 어렵다는 구조적인 한계를 명확히 인식해야 한다. 시장의 잠재적 불안정성이 누적되는 것을 방지하기 위해 개개인이 지나친 탐욕을 경계하고 분산 투자의 원칙과 리스크를 철저히 관리하는 합리적인 자세를 견지해야 한다. 발행자와 플랫폼 운영자는 투명한 공시와 온체인 거버넌스 같은 제도적 장치를 마련해야 하며, 규제 당국은 규제 샌드박스와 같은 유연한 감독 체계를 통해 혁신과 안정의 균형을 추구해야 한다. 발행자, 플랫폼, 규제 당국, 그리고 이용자 및 투자자까지 모든 시장 참여자가 각자의 역할을 충실하게 수행하고 균형 있는 책임 의식을 가질 때 알고리드믹 모델은 위험하지만 중요한 실험으로서 의미를 가질 수 있다.

끝나지 않은 실험

알고리드믹 모델의 실험은 아직 끝나지 않았다. 실패는 단순한 종착역이 아니라 보다 나은 설계와 새로운 규제 논의를 촉발하는 혁신의 촉매제 역할을 한다. 테라의 붕괴는 이 모델의 취약성을 극명하게 드러냈지만, 동시에 규제 당국과 시장 참여자에게 중요한 교훈을 제공하며 새로운 규제 프레임워크와 하이브리드 모델로의 진화를 가속화했다. 알고리드믹 모델은 커다란 실패 가능성을 내재하고 있지만 단순한 기술적 시도가 아니라 화폐의 본질과 역할, 그리고 미래 금융 시스템의 구조에 대한 근본적 질문을 던지며 완벽한 화폐의 형태를 찾아가는 긴 여정의 한 단계로 이해되어야 한다. 실험은 여전히 미완의 과제이며 탐욕과 공포라는 인간 심리의 제약, 그리고 제도적 현실이라는 난관에도 불구하고 상당 기간 중요한 연구 영역으로 지속될 것이다.

국제적인 규제 동향을 살펴보아도 알고리드믹 스테이블

코인이 디지털 경제 생태계의 주요 결제 수단으로 인정받기까지는 아직 수많은 실험이 되풀이되어야 한다는 것이 분명해진다. 유럽연합의 규제 법안인 미카(MiCA, Markets in Crypto-Assets)는 결제 및 송금의 안정적 수단으로 스테이블코인 관련 제도를 정비하는 과정에서 알고리드믹 모델을 배제했다. 미국도 2025년 통과된 지니어스법(GENIUS Act)에서 법정화폐 담보 모델만을 인정했다. 일본 역시 2023년 개정된 자금결제법(Payment Services Act)을 통해 스테이블코인을 은행, 신탁회사, 자금이체 업자만 발행할 수 있도록 제한하고 알고리드믹 모델을 배제했다. 싱가포르도 2024년 규제안(MAS Stablecoin Framework)에서 법정화폐 담보 스테이블코인만을 규제 대상으로 삼고 알고리드믹 모델은 제외했다. 이러한 추세는 각국 규제 당국이 알고리드믹 모델이 쉽게 해결하기 어려운 구조적 한계를 지니고 있음을 명확히 선언한 것으로 해석할 수도 있다.

그러나 이는 알고리드믹 스테이블코인이 '아직까지는' 일반적 지급 결제의 수단으로 부적합하다는 것을 가리키는 것에 지나지 않는다. 알고리드믹 모델을 디지털 경제 생태계 내부에서 사용되는 가치의 척도나 투자 매개체(investment vehicle)라는 시각에서 접근한다면 이야기가 달라질 수 있다. 디파이 프로토콜 내에서 복잡한 금융 연산을 수행하고 수익률을 계산하는 기준 혹은 이자 농사(yield farming)와 같은 투자 전략에서 핵심적 역할을 수행하는 유동성 풀의 기반 자산으로 활용하는 데에는 큰 문제가 없을 뿐 아니라, 발행 규모가 지나치게 커져서 시스템 리스크가 누적되는 경로를 적절히 차단할 수만 있다면 발행자와 이용자 모두에게 매우 편리한 도구가 될 수 있다. 특정 디파이 프로토콜이 자신이 발행한 알고리드믹 스테이블코인으로 모든 투자를 유치하고 원금 및 수익의 상환 또한 이 토큰을 매개체로 사용하는 방식으로 운영하는 것을 굳이 지급 결제 시스템의 안정성과 결부시킬 필요는 없다. 발행자와 이용자의 탐욕이 관련 생태계 확산의 강력한 동인으로 작동하는 만큼 규제 및 감독 당국은 물론 발행자와 이용자 스스로가 알고리드믹 스테이블코인이 고위험, 고수익을 추구하는 투기의 수단으로 변질되지 않도록 노력하는 것이 중요하다. 이 과정에서 보다 안정적으로 페그를 유지할 수 있는 획기적인 방법론이 개발된다면 더 이상 바랄 나위가 없겠지만, 그렇지 않은 경우에도 알고리드믹 모델의 실험은 완벽한 화폐의 형태를 찾아가는 노력의 중요한 한 부분으로 기록될 수 있다.

알고리드믹 스테이블코인을 지급 결제 수단으로서의

화폐라는 좁은 정의를 넘어 디지털 경제 생태계의 새로운 금융 실험이라는 확장된 관점에서 이해하는 것은 매우 중요한 발상의 전환이다. 구조적으로 실패 가능성을 내재하고 있는 위험한 실험이라도 탈중앙화의 이상을 시험하고 혁신을 촉발하며 디지털 경제 생태계의 투자 기회 확산을 촉진하는 의미 있는 역할을 무시할 수는 없다. 자산 담보 모델이 스테이블코인에 제도적 안정성을 제공한다면, 알고리드믹 모델은 위험을 감수하면서도 새로운 가능성을 탐구하는 역할을 한다. 그리고 그 가능성은 발행자, 이용자, 규제 당국 모두가 책임 있는 자세를 취할 때만 의미 있는 실험으로서 지속될 수 있다.

참고문헌

이건호(2022). 『코인의 과거, 현재, 미래』. 커뮤니케이션북스.

Almeida, J. & Gonçalves, T. C.(2022). A systematic literature review of volatility and risk management on cryptocurrency investment: A methodological point of view. *Risks, 10*(5), 107. https://doi.org/10.3390/risks10050107

Ante, L. et al.(2023). A systematic literature review of empirical research on stablecoins. *FinTech, 2*(1), pp.34~47. https://doi.org/10.3390/fintech2010003

Arner, D. W. et al.(2020). Stablecoins: Risks, potential and regulation. BIS Working Papers No. 905. https://www.bis.org/publ/work905.pdf

Cengiz, F.(2025). Stablecoins and their regulation: A Hayekian approach. *Journal of International Economic Law, 28*(2), pp.204~223. https://doi.org/10.1093/jiel/jgaf014

Hajek, B. et al.(2024). Collateral portfolio optimization in crypto-backed stablecoins. In Leonardos, S. et al.(Ed.). *Mathematical research for blockchain economy*. Springer. https://doi.org/10.1007/978-3-031-68974-1_5

Hayek, F. A.(1976). *Denationalisation of money: The argument refined*. Institute of Economic Affairs.

Lessig, L.(1999). *Code and other laws of cyberspace*. Basic Books.

Lyons, R. K. & Viswanath-Natraj, G.(2020). What keeps stablecoins stable?. NBER Working Paper No. 27136. https://www.nber.org/papers/w27136

Mahrous, A. et al.(2025). Stablecoins: Fundamentals, emerging issues, and open challenges. https://arxiv.org/pdf/2507.13883

Moura de Carvalho, R. et al.(2025). From instability to regulation: A systematic literature review on stablecoins. *International Journal of Digital Asset Research, 25*, pp.71~101. http://www.ijdar.org/10.4192/1577-8517-v25_3.pdf

01

화폐의 기원과 진화

암호화폐는 법정화폐와의 교환 비율, 즉 시장 가격의 극심한 변동성 때문에 안정적인 지급 결제나 가치 보존 수단으로 활용하기에 불편했다. 스테이블코인은 이러한 단점을 보완하기 위한 목적으로 개발되었다.

욕망 대체와 사회적 강제

물물교환(barter)은 거래 당사자 사이에 욕망의 이중 일치(double coincidence of wants)라는 까다로운 조건이 충족되지 않으면 성사될 수 없다(Jevons, 1875). 예를 들어 어부인 철수가 곡물을 원하지만 농사짓는 영희는 생선보다 짐승의 고기를 원한다면 직접 교환이 성립하지 않는다. 하지만 생선을 원하는 사냥꾼 민수를 거래에 개입시키면, 철수는 영희에게 화폐를 지급하고 곡물을, 영희는 민수에게 화폐를 지급하고 짐승의 고기를, 민수는 철수에게 화폐를 지급하고 생선을 얻는 방식으로 3자간 거래가 가능하다. 화폐라는 일반화된 청구권(generalized claims)이 곡물, 짐승의 고기, 생선의 대체물로 기능해서 세 사람이 가진 구체적 욕망의 불일치를 우회하게 만드는 것이다. 욕망 대체(want substitution)는 물물교환의 한계를 극복하고 교역의 활성화를 촉진하는 화폐의 가장 본질적인 기능이다.

화폐는 책무와 강제력이라는 이중적 성격을 가진 사회적 합의(consensus)의 산물이다. 화폐라는 특정 사물에 욕망 대체라는 기능을 부여하고 그 통용성을 보장하기 위해서는 사회적 합의가 필요하다. 모든 개인이 자신의 욕망에 일치하는 사물을 가진 다른 사람도 그의 구체적인 욕망을 화폐로 대체해서 받아들일 것이라는 보편적 믿음과 기대를 가져야 욕망 대체가 제대로 작동할 수 있다. 이러한 믿음이 자연스럽게 형성되기는 어렵기 때문에 암묵적 또는 명시적 합의를 이끌어낼 수 있는 강제력을 가진 사회적 중재자(social mediator)가 필요하다(Ingham, 2004). 권위를 가진 중재자가 강제력을 바탕으로 집단의 모든 구성원이 개인의 욕망에 대한 대체물로 화폐를 받아들이게 만들 것을 보증해야 하며, 이러한 보증이 없다면 화폐가 욕망 대체 기능을 제대로 수행하기 어렵다. 화폐는 그 자체로 사회적 합의의 증빙이며, 사회적 중재자가 그 이행을 보증하는 주체가 됨으로써 이러한 사회적 합의의 유효성을 확보할 수 있다.

사회적 중재자의 구체적 지위나 역할은 시대와 사회의 발전에 따라 진화했다. 원시 사회에서는 공동체의 관습이나 규범, 혹은 강제력을 행사할 수 있는 권위를 가진 부족장이나 종교 지도자가 그 역할을 수행했다. 이후 사회 규모가 커지고 복잡해지면서 점차 사회적 중재자의 책무와 권위를 국가 권력이 대체하게 되었다. 오늘날에는 거의 모든 국가에서 정부 혹은 그 대리인인 중앙은행이 화폐 발행을 독점하고 통용시키는 강제력을 행사한다.

화폐의 물질적 진화

화폐가 욕망 대체 기능을 원활하게 수행하려면 희소성, 내구성, 휴대성, 균일성, 분할성 등의 요건을 충족하는 물질적 형태가 필요하다(Davies, 2002). 원시 씨족사회 등에서는 관습적 믿음을 토대로 빛나는 돌멩이, 조개껍질 등과 같은 사물이 화폐 역할을 수행했고, 이후 공동체의 규모가 커지면서 점차 금, 은 등의 귀금속을 화폐로 사용하기 시작했다. 그러나 표준화되지 않은 상태의 귀금속을 화폐로 사용하는 것은 실질적 측면에서 물물교환의 한계를 극복하는 데에 한계가 있었다. 국가 권력이 본격적으로 개입해서 일정한 중량의 금이나 은을 특정 형태로 주조해서 징표를 새기는 방식으로 표준화된 금속화폐를 발행하면서 화폐의 통용성이 획기적으로 개선됐다.

표준화에도 불구하고 금속화폐는 귀금속의 함량 미달이나 형태의 일부 망실 등에 따른 중량 감소로 내재 가치와 명목 가치의 불일치가 발생하기 쉬웠다. '악화가 양화를 구축한다'는 그레샴의 법칙(Gresham's Law)으로 인한 경제적 혼란이 초래되기도 했다. 이러한 금속화폐의 물리적 한계는 금을 은행에 맡기고 그 보관 증서인 은행권(banknote)을 상거래의 지급 수단으로 사용하는 관행이 점차 확산되면서 해결할 수 있었다. 은행 제도가 확립됨에 따라 사람들이 은행권과 더불어 수표를 발행하거나 계좌 이체 방식을 이용해서 적극적으로 예금을 지급에 활용하게 되었다. 장부에 표시된 숫자의 형태로만 존재하는 예금이 추상적 형태의 화폐로 인정받게 된 것이다.

은행권과 예금을 지급 수단으로 사용하는 관행이 확산되면서 개별 은행의 파산 등으로 인한 금융 시스템의 불안정성이 사회적 문제가 되기 시작했다. 이에 중앙은행이 자신의 금고에 개별 은행들의 금을 집단적으로 보관하고 이를 담보로 중앙은행권을 발행하는 이중 화폐제도(2-tiered money system)가 출현했다. 중앙은행이 은행의 은행 역할을 수행하면서 태환성 유지의 최종 책임을 맡고 개별 은행을 통해 중앙은행권을 유통시키는 역할 분담을 통해 실질적인 국가의 궁극적 보증이 첨부된 지폐 형태의 법정화폐가 일반화되었다(Eichengreen, 2019).

초기의 지폐 형태 법정화폐는 중앙은행에 보관된 본위자산과 중앙은행권의 교환을 보장하는 방식의 본위화폐(standard money) 제도로 운영됐다. 20세기 중반 대부분 국가가 중앙은행권의 태환성을 포기하면서 실물 자산이 내재 가치를 뒷받침하지 않는 명목화폐(fiat money) 제도로 옮겨갔다(Battilossi et al., 2020). 법정화폐는 법적 강제력에 의해 통용성을 확보하는 사회적 계약의 증서이지만 본위자산이라는 물질적 담보에 의존하지 않게 되면서 오로지 중앙은행의 정책적 노력에 의해서만 구매력을 안정적으로 유지할 수 있는 불완전한 자산이 되었다.

디지털 시대의 화폐

2009년 비트코인 시스템이 출범했다. 예금처럼 은행과 중앙은행이 관리하는 시스템을 경유하지 않고 개방된 네트워크를 통해 디지털 현금(electronic cash)을 지급 수단으로 사용하는 획기적인 실험이었다. 암호기법 등 디지털 기술로 희소성, 내구성, 휴대성, 균일성, 분할성 등 화폐의 물질적 요건을 구현한 비트코인은 화폐의 본질에 대한 기존 이론을 전면적으로 부정하는 대담한 도전이었다. 열렬한 지지자들은 거래소(exchange)를 만들어 비트코인을 법정화폐와 교환할 수 있는 환경을 조성함으로써 국가 권력에 의한 강제성을 시장으로 대체하는 방식으로 욕망 대체라는 화폐의 본질적 기능에 대한 사회적 합의를 이끌어내기 위해 노력했다.

국가 권력의 뒷받침이나 은행 시스템의 정교한 장부 관리 기능에 의존하지 않고, 누구나 참여 가능한 분산된 합의 메커니즘만으로 화폐를 만들어 낼 수 있다는 가능성은 많은 사람들에게 커다란 충격이었다. 궁극적인 발행 수량이 고정되었다는 희소성 논리와 비실명 거래의 자유로움을 앞세운 비트코인의 이용자 기반이 급속도로 확산되고 법정화폐와의 교환 비율인 시장 가격이 상승하면서 블록체인(blockchain)이라는 신기술에 대한 대중의 폭발적인 관심을 촉발했다.

비트코인의 뒤를 이어 스마트 콘트랙트 등 구체적 용도를 앞세운 기술로 무장한 이더리움과 같은 다양한 암호화폐들이 속속 등장하면서 수요 기반을 확대하고 커뮤니티를 확장해서 디지털 경제 생태계 발전을 견인했다(Abadi & Brunnermeier, 2022). 이에 블록체인 기술이 화폐와 금융을 넘어 다양한 산업 분야로 확산되며 디지털 혁명의 새로운 장을 열었다.

그러나 암호화폐는 법정화폐와의 교환 비율, 즉 시장 가격의 극심한 변동성 때문에 안정적인 지급 결제나 가치 보존 수단으로 활용하기에 불편했다. 스테이블코인(stablecoin)은 이러한 단점을 보완하기 위한 목적으로 개발되었다(Lyons & Viswanath-Natraj, 2020). 법정화폐와의 안정적 교환 비율을 유지하기 위한 방법론을 실험하는 혁신 노력이 다양한 형태로 구현되었다. 가장 안정적인 방법론은 법정화폐를 준비 자산(reserve asset)으로 보관하고 이를 인출할 수 있는 권리를 토큰 형태로 발행하는 법정화폐 담보 모델이다. 이는 실질적으로 본위화폐 제도 하의 은행권을 디지털 영역에서 구현한 것에 해당한다. 이 밖에 암호화폐 담보 모델과 아예 준비 자산 없이 알고리즘에 의존해 토큰 유통량을 조절하는 방식으로 시장 가격을 안정적으로 유지하려는 알고리드믹(algorithmic) 스테이블코인도 등장했다.

다양한 모델의 출현에도 불구하고 현실적으로 스테이블코인의 시장 가격을 안정적으로 유지하는 것은 쉽지 않은 과제다. 특히 준비 자산의 뒷받침이 없는 알고리드믹 모델은 본질적으로 심각한 취약성을 내재하고 있다는 것이 드러났다. 급속한 네트워크의 성장 이후 갑자기 시장 가치가 붕괴하면서 금융 시스템 전체의 안전을 위협하는 심각한 사태로 발전한 사례도 다수 발생했다. 최근 법정화폐 담보 모델에 초점을 맞추어 스테이블코인의 제도화에 상당한 진전을 보이고 있는 유럽연합(EU)이나 미국 등 다수 국가들도 이러한 문제 때문에 아예 알고리드믹 스테이블코인은 지급 수단으로 인정하지 않는 것을 원칙으로 삼고 있다.

그럼에도 불구하고 알고리드믹 모델 개발을 향한 열정과 지속적 노력은 여전히 끊이지 않는다. 일상적 지급 결제나 장기적인 가치 보존 수단으로 광범위하게 통용되기에는 안정성 측면에서 큰 제약이 존재한다는 것이 분명하다. 그러나 탈중앙화 금융(DeFi) 등 디지털 자산 기반의 투자 생태계 내에서는 알고리드믹 모델이 가치의 척도이자 투자 매개체로서 이미 상당한 수요 기반을 확보하고 있다. 지금 이 순간에도 수많은 개발자들이 새로운 방법론을 채택한 알고리드믹 스테이블코인과 이를 투자의 매개체로 사용하는 디파이 프로토콜을 계속 개발하고 있다. 네트워크 운영자 및 발행자와 이용자의 탐욕이 상승 작용을 일으키면 엄청난 리스크가 축적될 수 있다는 위험성에도 불구하고 순수한 탈중앙화라는 이상과 자본의 효율성을 추구하는 개발자들의 지속적 노력이 이어지면서 방법론 또한 끊임없이 진화하고 있다. 알고리드믹 모델의 진화 과정은 새로운 화폐를 만들어 내는 방법론에 대한 끝나지 않은 실험이며 이를 지켜보는 것만으로도 화폐의 본질에 대한 통찰을 확장할 수 있다.

참고문헌

Abadi, J. & Brunnermeier, M. K.(2022). Blockchain economics. NBER Working Paper No. 25407. http://www.nber.org/papers/w25407

Battilossi, S. et al.(Ed.)(2020). *Handbook of the History of Money and Currency*. Springer.

Davies, G.(2002). *A history of money: From ancient times to the present day*. University of Wales Press.

Eichengreen, B.(2019). *Globalizing capital: A history of the international monetary system*. Princeton University Press.

Ingham, G. K.(2004). *The nature of money*. Polity Press.

Jevons, W. S.(1875). Money and the mechanism of exchange. D. Appleton and Company.

Lyons, R. K. & Viswanath-Natraj, G.(2020). What keeps stablecoins stable?. NBER Working Paper No. 27136. https://www.nber.org/papers/w27136

02

변동성과 안정성

스테이블코인은 구매력의 절대 수준을 안정시키는 것보다 시장에서 법정화폐와 같은 특정 자산과의 교환 비율을 안정적으로 유지하는 것을 목표로 한다. 암호화폐의 기술적 장점을 유지하면서 가격 변동성이 가져오는 심각한 문제들을 해결하려는 혁신적 시도다.

구매력 보존과 가치 변동성

화폐는 단순한 교환 수단을 넘어 욕망 대체의 효율성을 극대화한 사회적 합의의 결과물이자 신뢰의 응축체다. 교환의 매개체(medium of exchange)이자 가치의 척도(unit of account)인 화폐는 가치 저장 수단(store of value)이라는 기능도 수행해야 한다. 가치 저장, 즉 구매력을 안정적으로 유지하는 도구로서의 기능은 화폐가 앞의 두 가지 기능을 원활히 수행할 수 있게 만드는 중요한 전제 조건이 된다. 화폐의 가치, 즉 다른 사물과의 교환 비율로 측정되는 구매력이 안정적으로 유지되지 않는다면 누구도 선뜻 자신의 욕망을 화폐로 대체하려 하지 않을 것이기 때문이다.

명목화폐 제도가 정착되면서 인플레이션이 일상화된 현대 사회에서는 많은 사람들이 점진적인 화폐의 구매력 하락을 어쩔 수 없는 현상으로 받아들이게 되었다. 하지만 지나치게 빠르고 과도한 수준의 구매력 하락을 회피하려는 경향이 나타나는 것은 지극히 자연스러운 현상이다. 그렇기 때문에 통화 정책을 통해 자국 화폐의 구매력을 안정적으로 유지하는 것이 각국 중앙은행의 가장 중요한 책무가 되었다. 다만 구매력의 절대 수준을 유지하는 것은 현실적으로 불가능하기 때문에 많은 국가의 중앙은행은 물가지수의 상승을 억제하면서 국제 교역의 핵심적 결제 수단으로 자리 잡은 미국 달러와 자국 화폐의 교환 비율을 개선 내지 안정화시키는 데에 정책의 초점을 맞춘다.

비트코인을 비롯한 대부분의 암호화폐 지지자들은 궁극적인 발행 수량을 고정시켰기 때문에 인플레이션의 위협에서 자유롭다고 주장한다. 그러나 점진적 구매력 하락도 문제지만 단기적 시장 가치 변동성, 즉 달러와의 교환 비율이 빠른 속도와 큰 폭으로 변화하는 것이 실제로는 더 심각한 문제임이 암호화폐의 출현으로 극명하게 드러났다. 시장에서 결정되는 법정화폐와의 교환 비율이 불안정하다는 시장 가치 변동성(volatility)은 매우 심각하고 근본적인 문제로서 비트코인과 같은 암호화폐가 지급 수단이 되기 위한 가장 기본적 요건도 충족시킬 수 없다는 의미로 해석되기도 한다(Baur et al., 2018).

암호화폐의 변동성은 공급과 수요라는 시장의 구조적 특성에서 그 근원을 찾을 수 있다. 암호화폐는 본위화폐 제도의 은행권과 달리 내재 가치를 뒷받침할 실물 자산의 뒷받침이 없기 때문에 다른 사물과의 교환 가치를 결정하기 위한 기준점을 확정하기 어렵다. 명목화폐의 경우 실물 자산의 뒷받침 대신 중앙은행이 금리나 지급준비율 조정 및 공개 시장 조작 등 통화 정책을 통해 수요와 공급의 단기적 충격을 흡수함으로써 급격한 구매력 변동을 회피하는 것이 어느 정도는 가능하다. 그러나 예측 가능한 발행 스케줄을 가장 큰 장점으로 내세우는 암호화폐의 경우 탈중앙화로 인해 탄력적 통화량 조절이나 유동성 공급이 불가능해서 법정화폐와 비교된 상대적 구매력인 시장 가격이 안정적인 수준을 유지하기 어렵다. 공급이 매우 경직적인 데 비해 제도적 완충 장치가 부재하거나 제한적이기 때문에 수요 측면의 사소한 충격만으로도 시장 가치가 급격한 등락을 보이는 것이 일상적 현상이다.

변동성의 경제, 사회적 효과

암호화폐의 수요는 경제적 요인뿐 아니라 개인의 주관인 기술적 호기심, 투기적 기대, 정부 통제에 대한 반감 같은 자유지상주의적 이념(libertarian ideals) 등 비합리적 요소에도 크게 좌우되는 경향이 있다(Cheah & Fry, 2015). 암호화폐의 가치 변화를 초래할만한 명확한 경제적 이유가 없는 상황에서도 시장의 심리와 투기적 충동에 기인한 급격한 수요 변화가 일상적으로 되풀이되는 것은 이 때문이다. 그뿐만 아니라 암호화폐를 법정통화와 교환하는 시장인 거래소는 전통 금융 시장과 달리 소매 투자자 비중이 매우 높고 24시간 내내 운영되기 때문에 기관투자자들의 완충 기능이 작동하기 어렵고 외부 충격에 대한 반응 시간이 매우 짧다. 유동성 부족 및 정보 비대칭, 규제의 부재 등으로 인한 시장 조작의 가능성 등도 암호화폐 시장 가격 불안정성을 더욱 심화시킬 수 있다. 극심한 변동성은 단순한 통계적 현상이 아니라 화폐로서의 본질적 기능 중 하나인 가치의 척도라는 역할을 암호화폐에 맡기기에는 사회적 합의가 취약하다는 중대한 결함을 시사한다. 이는 암호화폐를 일상적인 지급 결제 수단으로 사용하기 어렵게 만드는 치명적인 결함이다.

법정통화와의 교환 비율이 불안정한 암호화폐는 소비자와 상인 모두에게 큰 불확실성을 안겨주기 때문에 욕망 대체 기능을 원활히 수행할 수 없다. 소비자는 보유하고 있는 암호화폐의 구매력이 결제 시점에 변동될 위험을 감수해야 하고, 상인은 수령한 암호화폐의 가치 하락 위험을 피하기 위해 즉시 법정화폐로 교환해야 한다. 양자 모두가 결제 수단으로 사용할 유인을 찾기 어렵기 때문에 암호화폐는 지급 결제가 아닌 일시적 중간재 역할에 머물게 된다. 기업이 이러한 제약을 무시하고 암호화폐를 결제 수단으로 수용하는 경우 회계 및 재무 관리가 극도로 복잡해질 수밖에 없다. 암호화폐로 매출 대금을 수령하거나 자산을 보유하면 시장 상황 변화에 따라 기업의 손익이나 자산 가치가 예측 불가능하게 변동해서 재무제표의 신뢰성이 떨어지게 된다(Yermack, 2015). 화폐의 구매력 변동성이 과도한 경우 개인의 불편을 넘어 실물 경제와 제도 전반에 광범위한 파급 효과를 초래할 수 있다.

암호화폐의 변동성은 또 투기적 수요를 증폭시켜 투자자들로 하여금 실물 경제의 교환 매개체로 사용하기보다 단기적 가격 차익을 노린 거래에 몰두하게 만든다(Corbet et al., 2019). '비트코인으로 거부를 축적했다'는 신화는 이러한 투기적 수요를 더욱 부채질하여 시장의 유동성 구조를 왜곡하고, 가격 발견 기능을 손상시키며, 자산 시장의 건전성을 위협한다. 급격한 가격 변동 과정에서 정보와 자본 접근성이 높은 투자자들만이 이익을 얻고, 정보가 부족한 소액 투자자들은 큰 손실을 입기 쉬워 사회적 불평등과 시스템 리스크가 확대된다. 이는 사회적 신뢰를 훼손하고 새로운 형태의 사회적 불평등을 심화시킬 수 있다. 특정 암호화폐나 디파이 프로토콜의 붕괴가 암호화폐 생태계 전체에 대한 시장의 신뢰를 훼손하고 연관 프로젝트에 악영향을 미치는 연쇄 반응을 일으켜 제도권 금융 시스템으로까지 전이될 잠재적 위험도 무시할 수 없다(Bank for International Settlements, 2018).

안정성을 향한 실험

스테이블코인은 구매력의 절대 수준을 안정시키는 것보다 시장에서 법정화폐와 같은 특정 자산과의 교환 비율을 안정적으로 유지하는 것을 목표로 한다. 암호화폐의 기술적 장점을 유지하면서 가격 변동성이 가져오는 심각한 문제들을 해결하려는 혁신적 시도다. 이러한 목표를 달성하기 위해 채택한 안정화 메커니즘의 방법론에 따라 다양한 모델이 개발되었다.

자산 담보 모델은 금과 같은 귀금속이나 달러 같은 법정화폐를 준비 자산으로 금고에 보관하고 분산원장 기술을 이용해서 준비 자산의 인출권에 해당하는 토큰을 발행한다. 디지털 경제 생태계에 급속히 확산되고 있는 현실세계 자산(real world asset, RWA) 토큰화의 방법론과 크게 다르지 않다. 본위화폐 제도의 은행권을 디지털화한 형태로서 준비 자산은 본위자산, 발행된 토큰은 은행권에 각각 해당한다. 이는 국가 혹은 중앙은행의 권위를 탈중앙화된 분산원장을 통해 구현한 것으로 볼 수 있다.

암호 자산 담보 모델도 동일한 원리를 따르지만 준비 자산으로 법정화폐나 귀금속 대신 암호 자산을 사용해서 시장 가격이 법정화폐에 연동된 토큰을 발행한다. 알고리드믹 모델은 이와 달리 담보의 개념 자체가 없다. 온전히 알고리즘에 의존해서 토큰의 시장 가격을 안정적으로 유지하는 것을 목표로 한다. 중앙은행이 통화 정책을 펼치는 것처럼 알고리즘이 시장에 유통되는 토큰의 물량을 조정하는 방식으로 공급의 경직성으로 인한 가격 변동성을 완화한다. 주요 방법론 중 하나인 이중토큰(dual token) 방식은 중앙은행이 공개 시장 조작을 위해 채권을 활용하는 것처럼 암호화폐를 균형 자산(balancing asset)으로 활용한다. 다른 방법론인 리베이싱(rebasing) 방식은 알고리즘이 직접 시장 가격 변화에 대응해서 이미 발행된 토큰의 유효 수량을 장부상에서 조정한다.

암호화폐 담보나 이중토큰 방식의 알고리드믹 모델은 특정 분산원장 네트워크가 발행한 내생 토큰을 각각 준비 자산이나 균형 자산으로 이용한다. 전자의 경우 스테이블코인과 준비 자산을 발행한 네트워크가 동일하지 않은 경우도 많지만, 후자는 스테이블코인과 균형 자산이 모두 동일한 네트워크를 기반으로 발행되는 것이 일반적이다. 어느 경우든 스테이블코인의 토큰 가격을 안정적으로 유지하기 위해서는 준비 자산 혹은 균형 자산으로 사용되는 토큰을 발행한 네트워크가 안정적으로 번영 가능해야 한다. 리베이싱 방식의 알고리드믹 모델은 준비 자산이나 균형 자산에 의존하지 않고 토큰의 시장 가격을 목표 가격에 맞추기 위해 이미 공급된 토큰의 사용 가능 수량을 직접 조정하기 때문에 특정 네트워크의 성패에 의존하지 않는다(이건호, 2025).

탈중앙화된 알고리즘이 토큰의 시장 유통량을 조절해서 법정화폐와의 페그(peg)를 유지하려는 시도는 대담한 실험이었지만 실전에서는 다양한 문제에 부닥쳤다. 특히 2022년 테라(TerraUSD, UST)의 붕괴는 암호화폐 시장에 막대한 충격을 주었다. 이로 인해 스테이블코인의 안정성이 기술적 설계뿐 아니라 거버넌스, 유동성 백업, 시장 인프라, 그리고 규제 환경의 복합적 상호 작용에 의해 결정된다는 것이 다시 한번 확인되었다.

각국 규제 당국은 지급 결제 수단으로서의 안정성을 이유로 알고리드믹 모델을 제도화 대상에서 배제하고 있다. 하지만 알고리드믹 모델은 실패 사례로만 치부하기에는 여전히 중요한 의미를 가진다. 이 모델은 탈중앙화 금융 생태계 내부에서 담보 의존도를 줄이고 자본 효율성을 높일 수 있는 잠재적 도구로서 연구 가치가 매우 크다. 단순한 기술적 실험을 넘어 화폐의 본질과 사회적 신뢰의 구조를 재검토하게 만드는 중요한 학술적 질문이기도 하다. 완벽한 안정성을 확보하지는 못하더라도 알고리드믹 모델은 탈중앙화 화폐의 이상을 가장 급진적으로 시험하는 의미를 가진다. 단순한 기술적 시도에 그치지 않고 미래 금융 시스템의 구조와 화폐의 본질에 대한 탐구를 이어가는 과정으로 이해되어야 한다.

참고문헌

이건호(2025). 『스테이블코인』. 커뮤니케이션북스.

Bank for International Settlements(2018). V. Cryptocurrencies: looking beyond the hype. Annual Economic Report. pp.91~109. https://www.bis.org/publ/arpdf/ar2018e.pdf

Baur, D. G. et al.(2018). Bitcoin: Medium of exchange or speculative assets?. *Journal of International Financial Markets, Institutions and Money, 54*, pp.177~189. https://www.sciencedirect.com/science/article/abs/pii/S1042443117300720?via%3Dihub

Cheah, E. T. & Fry, J.(2015). Speculative bubbles in Bitcoin markets? An empirical investigation into the fundamental value of Bitcoin. *Economics Letters, 130*(2), pp.32~36. https://www.sciencedirect.com/science/article/abs/pii/S0165176515000890?via%3Dihub

Corbet, S. et al.(2019). Cryptocurrencies as a financial asset: A systematic analysis. *International Review of Financial Analysis, 62*, pp.182~199. https://www.sciencedirect.com/science/article/pii/S1057521918305271?via%3Dihub

Yermack, D.(2015). Is Bitcoin a real currency? An economic appraisal. In Lee Kuo Chuen, D.(Ed.). *Handbook of Digital Currency*. Elsevier, pp.31~43.

03

중앙화의 역설

자산 담보 모델의 신뢰 메커니즘은 이중 화폐제도와 같은 완충 장치의 부재로 인해 더욱 강력한 중앙화를 필요로 한다. 국가가 개별 발행자에 대한 강력한 규제 및 감독을 통해 투명성과 준비 자산의 건전성 확보에 나서지 않으면 디지털 자산 생태계에 과도한 시스템 리스크가 누적될 가능성을 배제하기 어렵기 때문이다.

자산 담보 모델

스테이블코인의 안정화 메커니즘으로 가장 직관적이며 널리 사용되는 것이 자산 담보(asset-backed) 모델이다. 페그의 대상을 준거 자산(reference asset)이라 하며, 대부분은 달러와 같은 법정화폐를 지정하지만 금과 같은 귀금속을 지정하는 경우도 없지 않다. 발행자는 준거 자산 자체나 손쉽게 준거 자산으로 변환할 수 있는 실물 및 금융 자산을 금고에 보관하고 이를 담보로 토큰을 발행한다. 이처럼 담보로 보관된 자산을 준비 자산이라 한다. 자산 담보 모델이 본위화폐 제도와 차이가 나는 점은 준비 자산으로 준거 자산 이외의 자산을 보유할 수 있다는 것이다.

스테이블코인은 발행된 토큰이 준거 자산과 안정적인 교환 비율을 유지할 것을 목표로 한다. 자산 담보 모델의 경우 발행자가 토큰을 준거 자산으로 상환할 의무를 부담하고, 충분한 준비 자산을 확보해서 토큰의 내재 가치를 뒷받침한다. 예를 들어 달러를 준거 자산으로 발행된 달러 스테이블코인의 경우 토큰 보유자가 발행자에게 토큰 1개를 인도하고 1달러의 현금으로 상환받을 수 있다. 그러나 대부분의 토큰 보유자는 발행자에게 상환을 요구하는 대신 거래소 같은 시장에서 직접 토큰을 달러 혹은 다른 가상 자산과 교환한다. 시장에서는 수요와 공급 상황에 따라 교환 비율이 결정되기 때문에 '1토큰=1달러'의 관계가 항상 보장되지는 않는다. 페그는 일대일의 정확한 대응 관계라기보다 토큰의 시장 가격이 목표 수준에 근접한 상태를 유지한다는 의미이며, 디페깅(depegging)은 양자 간에 상당한 수준의 괴리가 발생하는 것을 의미한다. 디페깅의 정도가 심하고 상당 기간 지속되는 경우 페그가 붕괴되었다고 표현한다.

자산 담보 모델을 채택한 달러 스테이블코인의 경우 발행자가 달러 예금이나 미국 국채처럼 손쉽게 달러로 교환이 가능한 자산을 준비 자산으로 보유하는 것이 일반적이다. 시장 참여자들은 발행자가 언제든지 토큰의 상환 요구에 응할 수 있다는 믿음으로 시장에서 토큰을 거래하지만, 발행자의 신용도나 시장의 거래 비용 등에 따라 실제 시장 가격이 1달러보다 낮아지는 경우가 흔히 발생한다. 시장 참여자들은 시장 가격이 1달러에 근접한 상태에 있는 한 안정화 메커니즘이 제대로 작동하고 있는 것으로 간주한다(Lyons & Viswanath-Natraj, 2020).

준비 자산을 관리하고 투명성 및 유동성을 확보하는 구체적인 운영 메커니즘의 유효성은 토큰의 시장 가격에 매우 큰 영향을 미친다. 준비 자산의 관리는 구체적으로 담보로 사용할 자산 및 담보 비율 등을 결정하며, 실제 보관된 준비 자산의 유동성과 신용도를 평가하고 관리하는 정책적, 기술적인 결정 과정을 가리킨다. 법정화폐를 준거 자산으로 설정한 경우 준비 자산은 반드시 현금이 아니어도 무방하기 때문에 대부분 발행자가 준비 자산에 현금 이외에 예금 및 단기 국채 등의 수익 자산을 포함시켜 관리한다. 투명성 확보는 토큰의 내재 가치를 지지할 수 있는 준비 자산이 실제로 존재하고 적절히 관리되고 있다는 것을 외부 감사 등을 통해 검증하는 과정이다. 준비 자산이 부족하거나 대출 및 기업 어음 같은 고위험 자산을 포함하는 경우 발행된 토큰의 시장 가치를 안정적으로 뒷받침하기 힘들다. 유동성 확보는 토큰 보유자가 상환을 요구하면 즉시 담보 자산을 현금화해서 이에 응할 수 있는 상태를 유지하는 것을 의미한다. 발행자는 시장을 통한 담보의 즉시 환전을 보장하기 위해 유동성 풀(liquidity pool)을 확보하고 시장 조성자(market maker)와의 협조 체제를 갖추기 위해 노력한다.

중앙화의 역설

자산 담보 모델이 원활하게 작동하려면 준비 자산을 관리하는 발행자나 신탁회사 등 중앙화된 관리자의 역할이 무엇보다도 중요하다. 관리자가 단일 실패점(single point of failure)이 되어 준비 자산 관리에 문제가 생기면 토큰의 시장 가치를 안정적으로 유지하는 것이 불가능해진다. 이 경우 문제가 해당 토큰에만 국한되지 않고 준비 자산 관리에 문제가 없는 다른 발행자가 발행한 토큰도 연쇄적으로 페그의 붕괴에 직면하게 될 수도 있다(Bullmann et al., 2019). 개별 은행이 독자적인 은행권을 발행했던 자유은행(free banking) 제도의 경험은 이와 같은 시스템 리스크의 문제점을 명확하게 보여 주었다.

개별 은행이 자신이 발행한 은행권의 단일 실패점이 되는 경우 특정 은행의 자산 관리 상태에 대한 시장의 신뢰가 은행권 전체의 시장 가치에 큰 영향을 미칠 수 있다. 정보 불균형 때문에 특정 은행의 자산 부실화 가능성이 있다는 소문만으로도 뱅크 런(bank run)이 발생하고 이로 인해 실제로 상환 불능의 상태에 빠질 수 있을 뿐 아니라, 외부 효과(external effect)로 인해 문제가 여기에 그치지 않고 건전한 은행까지 연쇄적으로 뱅크 런에 봉착하게 만든 사례가 역사적으로 수없이 반복되었다. 많은 국가가 자유은행 제도를 포기하고 이중 화폐제도로 이행한 것은 이런 현상을 차단하기 위한 안전장치로 중앙은행이 은행의 은행 역할을 수행하면서 준비 자산을 집합 관리(pooling)하는 것이 효과적이라는 판단에 따른 것이었다.

본위화폐 제도에서는 중앙은행도 부실화 가능성을 완전히 배제하기는 어렵다. 그러나 개별 은행이라는 민간 주체가 제공하는 신뢰에 비해 국가가 뒷받침하는 중앙은행에 대한 신뢰가 강고하다는 것은 틀림없는 사실이다. 단일 실패점을 개별 은행에서 중앙은행으로 대체하고 화폐의 단일성(singleness of money)을 보장하면 화폐에 대한 사회적 신뢰를 강화할 수 있다(Calomiris & Haber, 2014). 이러한 신뢰의 대체성(substitutability)은 본질적으로 중앙화의 역학과 분리가 불가능하다. 국가가 개별 은행에 대한 신뢰를 보완해 주는 대신 규제 및 감독을 통해 경영을 감시하고 감독해서 권력의 중앙화를 심화시키기 때문이다.

자유은행 제도와 유사한 방식으로 작동하는 자산 담보 모델은 개별 발행자의 준비 자산 부실화를 보완해 줄 중앙은행 같은 기구가 존재하지 않기 때문에 사회적 신뢰를 확보하기 어렵다. 발행자 스스로 제3자 신탁과 외부 감사 같은 방식으로 준비 자산의 관리 상황에 대한 투명성을 높이는 것이 중요하다. 그러나 정보 불균형과 발행자의 도덕적 해이(moral hazard)는 이러한 방법론의 유효성을 보장하기 어렵게 만든다. 표면적으로 투명한 안전장치를 갖춘 것처럼 보이는 경우에도 신탁 및 감사 등을 담당한 제3자가 발행자의 영향력 아래 있을 가능성 때문이다.

자산 담보 모델의 신뢰 메커니즘은 이중 화폐제도와 같은 완충 장치의 부재로 인해 더욱 강력한 중앙화를 필요로 한다. 국가가 개별 발행자에 대한 강력한 규제 및 감독을 통해 투명성과 준비 자산의 건전성 확보에 나서지 않으면 디지털 자산 생태계에 과도한 시스템 리스크가 누적될 가능성을 배제하기 어렵기 때문이다. 탈중앙화의 이념을 추구하는 디지털 자산 생태계의 안정적 결제 수단으로 개발된 스테이블코인이 강력한 중앙화에 의해서만 제 기능을 수행할 수 있다는 것은 역설적이라고 하지 않을 수 없다 (Gorton & Zhang, 2023).

알고리즘과 신뢰의 대체

자산 담보 모델이 시장의 신뢰를 확보하려면 발행된 토큰 수량을 모두 상환하기에 충분한 시장 가치의 준비 자산이 실제로 존재하고, 이를 즉시 토큰의 상환에 사용할 수 있는 유동성을 확보하고 있다는 사실이 강력한 외부 감사 등을 통해 검증되어야 한다. 이러한 운영 메커니즘의 한계는 현재 시장에서 유통되는 대부분의 법정화폐 담보 모델, 특히 테더(USDT)나 유에스디코인(USDC) 같은 달러 스테이블코인의 사례를 통해 더욱 명확히 드러난다. 특히 테더의 경우 발행사에 대한 규제 및 감독권의 관할이 명확하지 않고, 이로 인해 준비 자산의 불투명한 운용과 불완전한 정보 공개 등으로 여러 차례 부실화 논란에 휩싸이기도 했다. 이에 비해 강력한 규제를 받고 있는 금융기관 중심의 컨소시엄(consortium)이 발행하는 유에스디코인은 비교적 안정적으로 페그를 유지할 수 있었다. 발행자에 대한 시장의 신뢰가 준비 자산의 적절한 관리와 외부 감사를 통한 검증과 정보의 투명한 공개 여부에 핵심적으로 의존한다는 것은 실제 거래 데이터에 의해 반복적으로 확인되었다.

자산 담보 모델의 한계와 중앙화의 역설이 개발자들이 알고리드믹 모델에 집중하게 만든 핵심 동력이다. 알고리드믹 모델 개발로 이어지는 중간 단계에 해당하는 암호화폐 담보 모델은 자산 담보 모델의 장점을 유지하면서 탈중앙화를 추구한 것으로 볼 수 있다. 메이커다오(MakerDAO)를 발행 플랫폼으로 사용하는 다이(DAI)가 대표적 사례다(Schär, 2021). 다이는 이더(ETH)와 같이 변동성이 큰 암호화폐를 준비 자산으로 발행되는 달러 스테이블코인이다. 스마트 콘트랙트가 토큰의 발행 및 상환은 물론 준비 자산의 관리도 모두 담당한다. 암호화폐의 시장 가치 변동으로 인한 담보 부실화에 대비한 완충 장치로 초과 담보의 원칙을 적용한다. 준비 자산인 이더의 가치가 일정 수준 이하로 하락하면 스마트 콘트랙트가 경매를 통해 준비 자산을 매각하는 방식으로 담보를 강제로 청산한다. 회수된 자금으로 다이 토큰을 상환해서 시장의 공급량을 줄이는 방식으로 시장 가격 하락을 저지한다. 중앙은행 같은 관리자가 아니라 스마트 콘트랙트가 토큰의 유통량을 조절하는 역할을 수행해서 시장 가격의 안정성을 유지한다는 점에서 중앙화의 역설을 상당 부분 극복한 모델로 볼 수 있다.

알고리드믹 모델은 아무런 실물 자산의 뒷받침 없이 법정화폐에 대한 신뢰를 유지하는 명목화폐 제도를 디지털 경제 생태계에서 재현하려는 노력의 산물이다. 중앙은행의 권위를 분산원장 기술이 뒷받침하는 알고리즘이 대체할 수 있다는 개발자들의 대담한 상상력과 지칠 줄 모르는 노력이 결합되어 자산 담보 모델의 한계와 중앙화의 역설을 벗어나는 돌파구를 찾아낸 것이다.

다이와 달리 순수한 알고리드믹 모델은 아예 준비 자산을 보유하지 않은 상태에서 토큰의 페그를 유지하는 것을 목표로 한다. 토큰의 내재 가치를 지지하는 데 다른 자산을 사용하지 않는다는 의미가 아니라, 시장 가치 하락 방어를 목적으로 담보를 확보하지 않는다는 의미다. 발행자의 입장에서는 초과 담보가 필요한 암호화폐 담보 모델보다 자본 부담을 줄일 수 있다.

모델에 따라 차이가 있지만 많은 알고리드믹 모델이 개별 발행자가 스테이블코인 토큰과 발행 플랫폼의 내생 토큰을 교환하는 방식을 채택한다. 스테이블코인을 발행하려는 수요가 늘어날수록 플랫폼의 내생 토큰에 대한 수요가 증가해서 네트워크 확대와 시장 가치 상승의 2중 효과를 얻을 수 있다. 반대로 스테이블코인 토큰의 상환 요구에 대해서는 스마트 콘트랙트가 발행 플랫폼이 관리하는 내생 토큰을 지급하는 방식으로 대응한다. 스마트 콘트랙트를 이용해서 담보를 다른 용도로 사용할 수 없게 동결시키는 다이와 달리 이 모델은 스테이블코인 발행으로 획득한 내생 토큰을 관리하는 방식에 대해 별다른 제약이 없는 경우가 많다. 따라서 발행 플랫폼을 관리하는 프로토콜 운영자나 재단이 토큰 판매로 유입된 내생 토큰을 매각해서 손쉽게 외부 자금을 조달하는 것이 가능하다.

참고문헌

Bullmann, D. et al.(2019). In search for stability in crypto-assets: Are stablecoins the solution?. ECB Occasional Paper No. 230. European Central Bank. https://www.ecb.europa.eu/pub/pdf/scpops/ecb.op230~d5

7946be3b.en.pdf

Calomiris, C. W. & Haber, S. H.(2014). *Fragile by design: The political origins of banking crises and scarce credit*. Princeton University Press.

Gorton, G. & Zhang, J.(2023). Taming wildcat stablecoins. *University of Chicago Law Review, 90*(3), pp.909~971. https://chicagounbound.uchicago.edu/uclrev/vol90/iss3/3/

Lyons, R. K. & Viswanath-Natraj, G.(2020). What keeps stablecoins stable?. NBER Working Paper No. 27136. https://www.nber.org/papers/w27136

Schär, F.(2021). Decentralized finance: On blockchain- and smart contract-based financial markets. *Federal Reserve Bank of St. Louis Review, 103*(2), pp.153~174. https://www.stlouisfed.org/publications/review/2021/02/05/decentralized-finance-on-blockchain-and-smart-contract-based-financial-markets

04

다이와 테라

다이와 테라는 누구나 발행자가 될 수 있다.
다이는 암호화폐를 준비 자산으로 인식해서
스마트 콘트랙트가 이를 담보 형태로 동결한다.
반면 테라는 아예 담보의 개념 자체가 없고,
중앙은행의 공개 시장 조작, 즉 명목화폐의 가치
유지를 위해 채권을 매입 혹은 매도하는
방법론을 알고리즘으로 구현했다.

개별 담보와 총량 담보

알고리드믹 모델 설계의 핵심은 중앙화된 관리자에 의존하지 않고 토큰이 시장에서 목표 가격인 준거 자산의 시장 가치에 근접한 수준을 유지하게 만드는 것이다. 자산 담보 모델과 같은 수준의 안정성을 탈중앙화 방식으로 구현하기 위한 가장 직관적인 선택은 스마트 콘트랙트가 직접 토큰의 수급을 조절할 수 있도록 매입 및 매도의 결제 수단으로 암호화폐를 활용하는 것이다. 다이와 테라는 이러한 접근법 중 극명하게 대비되는 두 가지 접근 방식을 보여 주는 사례들이다.

다이와 테라는 누구나 발행자가 될 수 있다. 다이는 암호화폐를 준비 자산으로 인식해서 스마트 콘트랙트가 이를 담보 형태로 동결한다. 반면 테라는 아예 담보의 개념 자체가 없고, 중앙은행의 공개 시장 조작(open market operation), 즉 명목화폐의 가치 유지를 위해 채권을 매입 혹은 매도하는 방법론을 알고리즘으로 구현했다. 따라서 스마트 콘트랙트의 역할은 암호화폐와 교환하는 방식으로 스테이블코인 토큰의 발행과 소각을 처리하는 것에 국한된다.

다이의 경우 발행자가 개별적으로 스마트 콘트랙트를 이용해서 이더 같은 암호화폐를 담보로 동결시킨 후 토큰을 발행한다(Sky Protocol, n.d.). 스마트 콘트랙트가 담보 증서(Collateralized Debt Position, CDP) 혹은 볼트(vault)라는 계정을 기준으로 개별적으로 담보 가치를 평가하고 관리한다. 초과 담보 원칙을 적용해서 암호 자산의 가격 변동으로 담보 가치가 목표 가치의 일정 배수 이하로 하락하면 담보의 부실화를 방지하기 위해 스마트 콘트랙트가 경매 방식으로 담보를 청산한다. 실제로 담보가 부실화되기 이전에 준비 자산을 매각해서 다이를 상환해서 볼트가 상환 불능 사태에 빠지는 것을 방지하기 위함이다.

다이는 암호화폐의 시장 가치 하락이 개별 볼트의 연쇄적인 부실화를 통해 토큰 가격 하락을 가속화하는 연쇄 반응을 촉발시키는 외부 효과의 연결 고리를 차단하는 데에 설계의 초점을 맞추었다. 전통 금융 시장에서 일부 은행에 자산 부실화로 인한 뱅크 런이 발생하면 감독 당국이 조기에 이를 부실 은행으로 지정해서 다른 건전한 은행으로까지 뱅크 런이 확산되는 전염 효과(contagion)를 차단하는 것과 같은 원리다. 스마트 콘트랙트가 관리하는 자동 청산(liquidation) 메커니즘이 담보의 부실화 가능성이 있는 개별 볼트를 조기에 강제 상환함으로써 시장 심리를 안정시켜 부실화 가능성이 낮은 다른 볼트를 토대로 발행된 토큰까지 시장 가격 하락 압력에 노출되는 것을 방지한다(Feng et al., 2024). 또한 낙찰자가 담보 인수 대금을 다이로 지급하게 만들어 시장 유통량 감소를 통해 다이의 희소성을 증대시켜 시장 가격 하락 압력을 줄임으로써 페그를 보다 강력하게 유지할 수 있다.

테라는 전혀 다른 방식으로 토큰의 시장 가격을 안정시키도록 설계되었다. 누구나 언제든지 테라스테이션(TerraStation)을 이용해서 네트워크의 내생 토큰인 루나(LUNA)를 동일한 시장 가치에 해당하는 테라와 교환할 수 있었다. 예를 들어 시장 가치 100달러에 해당하는 루나를 테라 토큰 100개와 스왑(swap)하는 방식이다. 테라스테이션을 관리하는 스마트 콘트랙트는 이용자의 요구에 따라 토큰을 신규로 발행하거나 소각하는 방식으로 거래를 지원할 뿐, 다이의 자동 청산 메커니즘처럼 적극적으로 시장 가격 하락을 방어하는 기능을 갖추지는 않았다. 테라의 시장 가격이 1달러보다 높거나 낮아지면 개별 이용자들이 차익 거래를 통해 자연스럽게 테라의 유통 물량을 늘리거나 줄임으로써 시장 가격이 목표 가격인 1달러에 근접하게 유지될 것으로 기대되었기 때문이다. 루나의 역할은 테라의 상환을 위한 담보가 아니라 테라의 시장 가격을 목표 수준으로 되돌리는 도구, 즉 시장 가격을 회복하기 위한 균형 자산(balancing asset)이다. 중앙은행이 공개 시장 조작에 사용하는 채권과 유사한 기능을 수행한다는 점에서 이러한 용도로 사용되는 코인을 채권 토큰으로 부르기도 한다(이건호, 2022). 개별 볼트 단위로 담보를 확보하는 다이와 가장 크게 차이가 나는 점은 균형 자산의 시가 총액이 발행된 스테이블코인의 총량에 해당하는 목표 가치보다 높은 수준을 유지하는 한 제대로 작동할 수 있다는 점이다(Liu et al., 2023). 이론적으로 볼 때 다이의 개별 담보보다 나은 안전장치가 될 수도 있지만, 준비 자산과 균형 자산의 시장 가격이 연쇄 작용을 통해 동반 하락하는 상황에서는 작동이 불가능한 취약성에 노출된다.

위기 대응 메커니즘과 붕괴 경로

두 모델의 설계 차이는 위기 대응의 속도와 효과에서 뚜렷하게 드러난다. 다이의 경우 스마트 콘트랙트가 준비 자산의 시장 가치 하락을 감지하면 담보의 부실화 이전 단계에서 해당 볼트에 대한 자동 청산을 실행한다. 초과 담보의 원칙은 두 가지 목적을 가지고 있다. 우선 준비 자산 가치의 사소한 하락이 자동 청산을 촉발시키지 않도록 담보의 여유를 확보하는 것이다. 지나치게 빈번한 자동 청산의 실행은 다이 생태계의 안정성을 저해할 수 있기 때문이다. 둘째는 부실화 조짐이 큰 개별 볼트를 조기에 청산해서 시장 심리의 악화로 인해 아직 담보의 여유가 있는 다른 볼트에서 발행된 다이 토큰의 시장 가격 하락을 유발할 수 있는 전염 경로를 차단하는 것이다.

물론 준비 자산의 시장 가치가 급격히 하락하는 경우 다수의 볼트에서 동시에 자동 청산이 실행되고, 담보의 경매가 다시 다른 볼트의 준비 자산 가격 하락을 촉발해서 부실화를 가속화하는 연쇄 반응이 일어날 개연성을 완전히 배제하기는 어렵다. 하지만 원칙적으로 스마트 콘트랙트가 개별 볼트 단위로 담보 부실화 이전에 대응하기 때문에 아주 특별한 경우가 아닌 한 순차적으로 개별 볼트를 청산해 나가는 것이 가능하다. 이 방법론은 시스템 전체가 급속히 붕괴하는 것을 지연시킴으로써 토큰 보유자의 손실이 지나치게 확대되는 것을 미연에 방지할 것을 기대할 수 있다. 실제로 다이의 시장 가격이 목표 가치인 1달러와 상당한 괴리를 보인 사례가 없지는 않지만, 그때마다 점진적으로 균형을 회복함으로써 이 구조의 유효성이 입증되었다(Bhat et al., 2021).

테라의 경우 위기 시 이와 전혀 다른 양상을 보였다. 2022년 5월 초 시장 충격에 의해 시장 가격이 급속히 하락하자 다수의 토큰 보유자들이 1테라=1달러를 기준으로 동일한 시장 가치의 루나와 교환하기 위해 테라스테이션에 몰려들었다. 스마트 콘트랙트가 스왑을 통해 루나의 시장 유통량을 증가시키자 시장 가격 하락이 촉발되었고, 테라 총량에 대한 담보 역할을 수행할 루나의 시가 총액이 하락하자 테라의 시장 가격이 더욱 빠른 속도로 하락했다. 이에 불안감을 느낀 테라 보유자들은 더욱 많은 수량의 테라를 루나로 교환하려 했고, 루나의 유통량 증가가 다시 시장 가격 하락을 통해 테라의 가격 하락을 유도했다. 이러한 상호 강화 작용은 루나와 테라의 시장 가격이 동시에 빠른 속도로 하락하는 죽음의 소용돌이(death spiral)로 이어져 시스템 전체가 붕괴했다. 루나의 시가 총액이 테라의 가치를 뒷받침할 것이라는 시장의 기대를 전제로 설계된 가격 안정화 메커니즘은 이 상황에서 작동이 불가능했고, 파국을 막을 안전장치는 존재하지 않았다.

교훈과 정책적 함의

다이와 테라의 사례는 암호화폐를 이용해서 시장 가격을 유지하는 알고리드믹 모델의 안정화 메커니즘을 설계할 때 고려해야 할 핵심적인 변수가 무엇인지를 극명하게 보여 준다. 다이의 경우 담보를 관리하는 스마트 콘트랙트가 개별 볼트 별로 담보의 청산을 통한 토큰 상환을 자동적으로 실행해서 시장 충격이 미치는 영향을 분산시켰다.

개별 볼트의 부실화 위험을 다른 볼트의 부실화 위험과 분리해서 관리함으로써 시장 심리의 악화로 인해 건전한 볼트까지 자동 청산이 확산되는 위기의 전염을 차단한다. 이러한 설계는 스마트 콘트랙트 자체가 전통 금융 시장의 금융 안전망(financial safety net) 같은 제도적 완충 장치의 역할을 수행하게 만든 것이다.

이에 비해 테라는 차익 거래 기회를 적극적으로 추구하는, 탐욕적이지만 이성적인 투자자 행동을 전제로 설계되었다. 이익 추구라는 합리적인 투자자 행동이 스테이블코인과 균형 자산의 수요와 공급을 조절해서 시장 원리에 의해 토큰 가격이 자연스럽게 목표 수준에 수렴하게 되도록 유도하려는 것이다. 스마트 콘트랙트는 실질적으로 위험을 관리하거나 위기의 전염을 차단하기 위한 어떠한 기능도 갖추지 않고, 단순히 시장 가격을 토대로 테라와 루나를 교환하는 역할만을 수행할 뿐이었다. 일단 위기가 촉발되자 불확실한 균형 회복을 기다리는 대신 선제적으로 손실을 축소하기 위한 투매의 형태로 토큰 보유자들의 합리적 행위가 발현되었다. 투자자들이 차익 거래 기회를 적극적으로 추구할 것이라는 전제에 의존하는 알고리즘으로는 상황의 악화를 억제할 수 없게 된 것이다.

이들의 사례에서 우리가 얻어야 할 교훈은 인간의 합리

적 행동은 특정 상황에서 예상치 못한 형태로 나타날 수 있다는 것이다. 이 가능성을 배제하고 맹목적으로 탈중앙화를 추구하면 매우 위험한 결과를 초래하게 된다. 예상치 못한 위기 상황이 벌어져도 중앙화된 시스템은 관리자의 개입에 의해 최악의 상황을 회피하는 것이 가능하다. 하지만 스마트 콘트랙트는 사전에 계획된 알고리즘을 실행할 뿐, 탄력적이고 유연한 상황 대처가 불가능하다.

이러한 통찰은 탈중앙화 방법론에 기반을 둔 화폐를 설계함에 있어 기술적 혁신과 제도적 수용이 병행되어야 한다는 매우 중요한 정책적 함의를 제공한다(Adachi et al., 2022). '코드가 법이다'라는 신념이 철저한 안전장치를 갖추기 위한 노력보다 중요할 수는 없다는 것이다. 알고리드믹 모델이 이론적으로 매우 매력적인 실험인 것은 틀림이 없지만 현실적인 안정성을 확보하기 위해서는 온체인(on-chain) 메커니즘에 전적으로 의존하는 것만으로는 부족하다. 오프체인(off-chain)의 유동성 공급과 법률적 기반 및 규제 프레임워크 등의 하부구조를 설계에 반영해야 한다. 시스템 붕괴를 방지하거나 위기의 확산을 차단할 수 있는 실질적 보완 장치를 설계 단계에서 명확히 규정하고 그 작동 가능성을 철저하게 검증하는 것은 개발자의 당연한 의무다. 시장 참여자와 규제 당국 또한 발생 가능한 위기 상황에 대한 명확한 대응 계획과 일관된 공시 체계를 확립해야 한다. 이와 더불어 규제 회피를 방지하기 위한 국가 간 공조에도 노력을 기울여야 한다.

참고문헌

이건호(2022). 『코인의 과거, 현재, 미래』. 커뮤니케이션북스.

Adachi, M. et al.(2022). Stablecoins' role in crypto and beyond: Functions, risks and policy. Macroprudential Bulletin, 18. European Central Bank. https://www.ecb.europa.eu/press/financial-stability-publications/macroprudential-bulletin/html/ecb.mpbu202207_2~836f682ed7.en.html

Bhat, S. et al.(2020). Simulating the MakerDAO stablecoin. 021 IEEE International Conference on Blockchain and Cryptocurrency(ICBC), Sydney, Australia, 2021, pp.1~2, doi: 10.1109/ICBC51069.2021.9461135.

Feng, Z. et al.(2024). Modeling and analysis of crypto-backed over-collateralized stable derivatives in DeFi. *Frontiers in Blockchain, 7.* https://www.frontiersin.org/journals/blockchain/articles/10.3389/fbloc.2024.1392812/full

Liu, J. et al.(2023). Anatomy of a run: The Terra Luna crash. NBER Working Paper No. 31160. National Bureau of Economic Research. https://www.nber.org/papers/w31160

Sky Protocol(n.d.). The sky protocol: Sky's multi-collateral Dai (MCD) system. https://makerdao.com/en/whitepaper/

05

신뢰의 탈중앙화

알고리드믹 모델은 일반 대중의 법률과 제도에 대한 경험적 신뢰를 기술적, 수학적 방법론이 뒷받침하는 알고리즘을 통해 구현되는 공학적 신뢰가 대체할 수 있다는 철학에서 출발한다. 이는 신뢰 구축의 방법론에 대한 이념적 도전이자 전통적 화폐의 개념을 근본적으로 혁신하는 대담한 시도다.

신뢰의 기술과 공학적 신뢰

화폐는 공동체 내부의 복잡한 경제 활동을 원활히 수행할 수 있도록 장기간에 걸쳐 구축해 온 사회적 합의와 신뢰의 응축체다. 따라서 단순히 욕망 대체를 통해 교환을 매개하는 물리적 수단 이상의 중요한 의미를 가진다. 공동체의 형태가 원시 부족 사회를 벗어나 강력한 권력을 행사하는 국가로 발전함에 따라 이러한 사회적 합의를 유지하는데 필요한 권위도 국가의 법적 강제력과 제도적 장치로 발전했다. 오늘날 대부분 국가는 중앙은행의 발권력을 바탕으로 은행을 통해 일반대중에게 지급 수단인 현금과 예금을 공급하는 이중 화폐제도를 채택하고 있다. 화폐의 내재 가치를 보장할 본위자산이 존재하지 않는 명목화폐 제도가 자리를 잡을 수 있게 된 것은 법률과 제도를 통해 욕망 대체를 지원하는 사회적 중재자인 국가의 권위 때문이다. 강제 수납과 세금 부과와 같은 제도적 메커니즘을 운영하는 국가의 권위에 대한 일반 대중의 신뢰가 확립되지 않으면 법정통화의 보편적 통용성을 보장하는 것이 쉽지 않다.

알고리즘이 토큰의 공급을 조정해서 페그를 유지하려는 알고리드믹 모델 설계의 핵심은 법률과 제도가 화폐에 대한 신뢰를 보증하는 전통적 메커니즘을 코드와 시장 원리에 기반을 둔 공급 조절 메커니즘으로 대체하는 것이다. 신뢰의 기술(technology of trust)인 분산원장 기술은 탈중앙화된 안정화 메커니즘이 차질 없이 작동할 수 있게 해 준다. 스마트 컨트랙트를 이용해서 토큰의 신규 공급이나 청산 등 일련의 규칙을 투명하고 변조 불가능한 형태로 보존하고, 탈중앙화 네트워크가 국가 권력의 개입 없이 자동화된 방식으로 집행될 것을 보증한다(Catalini & Gans, 2020). 하지만 법률과 제도를 코드로 대체할 수 있게 만드는 현실적 동력은 인센티브다. 알고리드믹 모델이 제대로 작동하려면 시장 참여자에게 적절한 인센티브를 제공할 수 있는 자동화된 메커니즘을 구축해야 한다. 적절한 인센티브만 제공되면 시장 참여자들이 탈중앙화를 거부할 이유가 없는 것과 마찬가지로, 적절한 인센티브 없이 시장 참여자들이 탈중앙화라는 명분을 수용할 것으로 기대하기는 어렵다.

알고리드믹 모델은 일반 대중의 법률과 제도에 대한 경험적 신뢰(experienced trust)를 기술적, 수학적 방법론이 뒷받침하는 알고리즘을 통해 구현되는 공학적 신뢰(engineered trust)가 대체할 수 있다는 철학에서 출발한다(Keaney & Berthon, 2025). 탈중앙화 이념의 추구는 화폐를 발행하고 통용성을 보장하는 주체를 중앙은행이 아닌 코드로 대체하는 것을 궁극적인 목표로 한다. 이는 신뢰 구축의 방법론에 대한 이념적 도전이자 전통적 화폐의 개념을 근본적으로 혁신하는 대담한 시도다. 중앙화된 권위가 뒷받침하는 전통적 개념의 사회적 합의와 제도적 강제 대신 공개된 코드와 검증 가능한 규칙의 투명성 자체가 시장 참여자의 신뢰를 이끌어 낼 수 있다는 강력한 믿음이다.

이러한 이념과 경제적 현실 사이에는 커다란 간극이 존재한다. 규칙의 자동 집행만으로는 욕망 대체라는 화폐의 가장 본질적인 기능을 보장하는 것이 불가능하다. 신뢰 메커니즘을 자동화하려는 혁신적인 철학적 도전의 성공 가능성은 궁극적으로 기술적 완결성뿐 아니라 사회적 수용성과 제도적 뒷받침에도 달려 있다. 알고리드믹 모델 설계의 첫걸음은 이 간극을 이해하는 데에서 출발해야 한다. 알고리드믹 스테이블코인이 교환의 매개체, 가치의 척도, 가치의 저장 수단으로 사용될 수 있는 실질적인 통용성을 확보하기 위해서는 코드의 규칙과 상호작용하는 다양한 시장 참여자들의 기대와 행동, 그리고 외부 환경 변화에 대한 제도적 보완이 조화를 이루어야 한다. 시장 참여자들의 기대와 행동이 설계자의 예상과 다른 형태로 나타나거나 외부 환경의 영향으로 시장 상황이 변화하면 아무리 정교하게 규칙을 집행하는 코드라도 보편적인 사회적 합의와

동의를 반영한 것으로 인정받기 어렵게 된다.

이상과 제도적 현실

알고리드믹 모델의 가장 큰 매력은 탈중앙화의 이념에 충실하다는 점이다. 어떠한 외부 통제나 검열도 불가능한 국경 없는 화폐라는 비전을 가장 순수한 형태로 구현하기 위해 노력한다. 그래서 이 모델을 화폐의 민주화와 기술적 진보의 상징으로 해석하려는 사람들도 많다. 이중 화폐제도 같은 중앙화된 하부구조에 의존할 필요 없이 오직 코드의 자율성과 시장 메커니즘만으로 토큰의 시장 가치를 안정적으로 유지할 수 있다면 국가의 검열과 통제를 벗어나 화폐의 발행과 통용 방식을 근본적으로 재구성할 수 있기 때문이다. 실질적으로 무에서 유를 창조하려는 망상에 불과하다는 비판에 대해서도 오늘날 대부분 국가의 법정화폐인 명목화폐도 가치를 보장할 확고한 안전장치가 없다는 점에서 마찬가지라고 반박한다. 암호화폐 담보 모델보다 높은 자본 효율성을 무기로 디지털 경제 생태계 내에 유동성을 원활히 공급하고 투자 매개체로 활용되어 다양한 디파이 서비스의 잠재력을 극대화할 수 있다는 주장도 제기된다. 이러한 논리의 연장선상에서 중앙 권력이 통제하는 기존 화폐제도에 대한 이념적 대항마로 안정적인 알고리드믹 모델 개발을 더욱 서둘러야 한다는 주장이 끊이지 않는다.

그러나 제도 대신 코드에 의한 지배를 추구하는 알고리드믹 모델은 본질적으로 시장 참여자의 합리적 기대와 그들의 집단적 행동에 절대적으로 의존할 수밖에 없다. 페그 유지를 위한 공급 조절 시스템은 모든 시장 참여자가 알고리즘이 제공하는 인센티브에 따라 일관되게 협력한다는 전제가 충족되는 범위 내에서만 작동할 수 있다. 시장 참여자의 일부가 알고리즘 설계 당시의 기대를 벗어난 행동을 취하는 경우 이러한 전제가 지속적으로 유지될 것이라는 집단적 신뢰가 무너질 수도 있다. 이 경우 시장의 유동성이 급속히 소진되면서 토큰의 수요와 공급이 균형을 회복하지 못하고 페그가 붕괴될 수 있다는 것은 알고리드믹 모델의 치명적인 취약점이다(Liu et al., 2023).

탐욕과 공포라는 인간의 감정적 요소는 집단적 신뢰의 취약성을 가속화하는 기제로 작용한다(Gorton & Zhang, 2023). 손쉽게 유동성을 확보하고 네트워크의 이용자 기반을 확대하기 위해 고수익, 고위험의 투기를 매개하는 수단으로 알고리드믹 스테이블코인을 제공하는 플랫폼 운영자의 탐욕이 투자자의 탐욕과 상승 작용을 일으키면 디지털 경제 생태계에 큰 위협이 되는 시스템 리스크를 빠른 속도로 축적시킬 수도 있다. 그렇기 때문에 알고리드믹 모델이 추구하는 탈중앙화의 이념은 사회의 안정을 추구하는 국가 권력이 지배하는 현실의 제도적 환경과 지속적인 충돌이 불가피하다.

법률과 규제 및 감독 등 안전성 확보에 초점을 맞춘 기존 금융 시스템의 하부구조 자체가 알고리드믹 스테이블코인의 본격적 수요 확산에 거대한 장벽이 될 수밖에 없다. 화폐 시스템의 안정성과 사용자 보호를 궁극적인 목표로 삼는 국가와 규제 기관의 시각에서 볼 때 신뢰의 기술은 아직 불완전한 상태이며, 이를 기반으로 한 공학적 신뢰가 제도화를 통해 구축된 경험적 신뢰를 대체할 수는 없다(Adachi et al., 2022). 현실의 문제인 금융 시스템의 안정성 및 소비자 보호라는 공공의 이익과 탈중앙화라는 이상이 상충될 경우 규제의 개입은 필연적이다. 알고리드믹 모델이 성공하기 위해서는 탈중앙화와 제도적 수용성이라는 두 가지 원칙 사이의 긴장을 적절히 관리할 수 있어야 한다.

신뢰의 재구축

알고리드믹 스테이블코인의 설계자 및 발행자는 코드의 지배를 맹신하지 말아야 한다. 이들은 법정화폐 발행자인 중앙은행과 유사한 수준의 신뢰를 디지털 경제 생태계 내에 구축해야 할 책무를 가지고 있다. 특히 개별 프로토콜의 실패가 광범위한 경제적 파급 효과를 야기할 잠재력을 충실히 감안할 필요가 있다. 다음과 같은 사회적 책임과 윤리적 의무를 항상 유념해야 한다.

첫째는 투명성이다. 이는 모든 이해관계자들이 시스템의 건전성을 스스로 평가하고 합리적 기대를 형성할 수 있도록 돕기 위한 전제 조건이며, 코드의 지배에 대한 신뢰를 구축하기 위한 가장 기본적인 윤리적 의무다. 투명성은 단순한 재무적 정보나 프로토콜 운영에 관련된 기본적 원칙의 공개를 의미하는 것이 아니다. 알고리즘의 규칙, 거버넌스 실행 절차, 유동성 백업 메커니즘의 존재 여부와 그 구체적 내용 등을 명확히 공개해야 한다(Schär, 2021).

둘째는 책임성이다. 아무리 정교하게 설계된 알고리즘도 본질적으로 실패의 가능성에서 자유롭기 어렵다. 따라서 실패가 발생했을 때 누가 최종적인 책임을 부담하며 이해관계자들이 손실을 어떻게 분담할 것인지에 대한 규범을 사전에 명확히 마련하는 것이 중요하다. 책임성은 거버넌스의 구조, 비상 대응 절차, 그리고 보험 기금이나 준비금 설정 등 구체적인 사안을 제도화하는 형식으로 구현되어야 한다. 특히 설계자나 발행자가 위험을 외부화하거나 시스템의 불안정으로 인한 손실을 이용자에게 전가하는 구조는 정당화될 수 없다(Adrian et al., 2025).

셋째는 거버넌스의 정당성이다. 탈중앙화는 온체인 거버넌스, 운영팀의 역할, 외부 이해관계자와의 소통 등 복합적 요소를 포괄하는 민주적이고, 투명하며, 공정한 거버넌스를 필요로 한다(Buterin, 2015). 특히 신속한 위기 대응 능력과 더불어 발행자 또는 소수 집단에 의한 권한 남용을 방지하는 견제 장치를 병행하는 것이 거버넌스의 핵심이 되어야 한다. 이는 단순한 코드에 의한 규칙의 실행을 넘어 기술적 설계가 광범위한 사회적 신뢰를 획득하기 위한 핵심 요건이다.

넷째는 제도와의 협력이다. 알고리드믹 모델의 개발은 화폐의 미래를 책임질 디지털 자산에 대한 공동의 노력이다. 개발자와 발행자 및 이용자 등 모든 이해 관계자의 높은 사회적 책임과 결합될 때만 지속 가능한 발전을 이룰 수 있다. 특히 아직 사회적 실험의 단계를 벗어나지 못한 상태이기 때문에 규범적 투명성의 확보에 그치지 않고 제도와의 조화를 명시적으로 추구할 필요가 있다. 화폐의 본질에 대한 도전이자 재해석을 추구하는 기술 혁신이 성공하려면 설계자와 발행자의 윤리적 책임감에만 의존할 수 없다. 이들을 포함한 다양한 시장 참여자가 제도적 보완을 통한 사회적 합의 도출을 위해 규제 당국과 협력해야 한다.

참고문헌

Adachi, M. et al.(2022). Stablecoins' role in crypto and beyond: Functions, risks and policy. Macroprudential Bulletin, 18. European Central Bank. https://www.ecb.europa.eu/press/financial-stability-publications/macroprudential-bulletin/html/ecb.mpbu202207_2~836f682ed7.en.html

Adrian, T. et al.(2025). Understanding stablecoins. IMF Departmental Papers 2025/009. Internqtional Monetary Fund. https://doi.org/10.5089/9798229024075.087

Buterin, V.(2015). On public and private blockchains. Ethereum Foundation Blog. https://blog.ethereum.org/2015/08/07/on-public-and-private-blockchains

Catalini, C. & Gans, J. S.(2020). Some simple economics of the blockchain. *Communications of the ACM, 63*(7), pp.80~90. https://dspace.mit.edu/bitstream/handle/1721.1/130500.2/3359552.pdf?sequence=6

Gorton, G. & Zhang, J.(2023). Taming wildcat stablecoins. *University of Chicago Law Review, 90*(3), pp.909~971. https://chicagounbound.uchicago.edu/uclrev/vol90/iss3/3/

Keaney, S. & Berthon, P.(2025). The blockchain trust paradox: Engineered trust vs. experienced trust in decentralized systems. *Information, 16*(9), 801.

https://doi.org/10.3390/info16090801
Liu, J. et al.(2023). Anatomy of a run: The Terra Luna crash. NBER Working Paper No. 31160. National Bureau of Economic Research. https://www.nber.org/papers/w31160
Schär, F.(2021). Decentralized finance: On blockchain- and smart contract-based financial markets. *Federal Reserve Bank of St. Louis Review, 103*(2), pp.153~174. https://www.stlouisfed.org/publications/review/2021/02/05/decentralized-finance-on-blockchain-and-smart-contract-based-financial-markets

06

탐욕과 공포의 메커니즘

탐욕과 공포라는 개인적 감정이 집단화된 행동의 형태로 표출되면 시장의 혼란을 부추기는 강력한 힘이 된다. 이들은 시장 상황에 대한 이성적 평가보다 강력한 힘으로 투자자 행동에 영향을 미쳐 정상 상황에서 작동하던 인과관계가 유지될 것이라는 기대와 전혀 다른 불안정한 상황으로 시장을 몰고 간다.

유동성과 거버넌스

경제 생태계에 유동성을 공급한다는 것은 교환을 매개하는 화폐를 적절한 수량으로 공급해서 시장 참여자들이 거래, 투자, 소비를 위해 필요한 자금을 쉽게 확보할 수 있는 환경을 조성하는 것을 의미한다. 유동성이 부족하면 기업 및 가계의 자금 조달이 어려워져 경기 침체를 초래할 수 있고, 반대로 과도하면 인플레이션과 자산 버블(asset bubble)을 초래할 수 있다. 단순히 시장에 유통되는 화폐의 수량을 늘리는 것만이 능사는 아니다. 화폐가 많아도 거래에 쓰이지 못하면 유동성이 부족한 상태일 수 있기 때문이다. 중앙은행은 적정 수준의 유동성 공급을 통해 경제의 안정성을 확보하고 자금의 조달 및 거래가 쉽게 이루어지는 환경을 유지하기 위해 노력한다(Shiller, 2015).

분산원장 기술을 기반으로 구축된 디지털 경제 생태계가 번영하기 위해서도 유동성의 원활한 공급이 중요하다. 하지만 극심한 변동성에 노출되는 암호화폐는 유동성의 공급원으로 부적절하다. 중앙은행이 유동성 공급을 전적으로 책임지는 것 또한 탈중앙화 네트워크를 기반으로 작동하는 스마트 콘트랙트를 통해 대부분 거래가 실행되는 환경에서는 기술적으로 쉽지 않은 과제다. 중앙은행 디지털화폐(CBDC)와 예금 토큰(deposit token)의 이중 화폐

제도를 통해 유동성을 공급하는 방안도 탈중앙화를 추구하는 다양한 방법론의 혁신을 충분히 지원할 것으로 기대하기는 어렵다. 그렇기 때문에 다양한 시장 참여자가 스테이블코인을 디지털 경제 생태계의 중요한 유동성 원천으로 수용하는 것이 불가피하다(Adrian et al., 2025).

디지털 경제 생태계에서 스테이블코인 발행자는 단순히 토큰을 찍어내는 경제 주체가 아니다. 다양한 시장 참여자들의 거래를 효율적으로 뒷받침할 수 있도록 유동성을 창출하고 분배하는 핵심적 조정자의 역할을 수행해야 한다. 유동성 공급 총량을 적극적으로 조정하는 중앙은행과 같은 기구가 존재하지 않는 이 생태계에서는 스테이블코인 또한 개별 발행자가 각자의 책임으로 토큰을 발행하고 분배하는 무질서한 시장 구조에 의존할 수밖에 없다. 따라서 스테이블코인의 설계뿐 아니라 시장 가격 안정화 메커니즘 운영 방식 자체가 유동성의 질과 지속 가능성에 직접적인 영향을 미친다. 개별 발행자의 인센티브 및 거버넌스의 견고성(robustness)이 생태계 전체의 안정적 유동성 창출에 영향을 미치는 핵심 변수로 작용한다(Gorton & Zhang, 2023).

투자자의 탐욕과 공포

금융 시장에서 투자자의 탐욕(greed)과 공포(fear)는 단순한 개인의 감정에 그치지 않는다. 이들 감정이 이론적, 논리적 측면에서 명확한 근거를 찾기 어려운 투자자들의 집단적 행동을 촉발시키는 핵심 동력으로 작용하기 때문이다. 탐욕과 공포라는 개인적 감정이 집단화된 행동의 형태로 표출되면 시장의 혼란을 부추기는 강력한 힘이 된다. 이들은 시장 상황에 대한 이성적 평가보다 강력한 힘으로 투자자 행동에 영향을 미쳐 정상 상황에서 작동하던 인과관계가 유지될 것이라는 기대와 전혀 다른 불안정한 상황으로 시장을 몰고 간다(Kahneman & Tversky, 1979).

투자자의 탐욕은 특정 자산의 시장 가격 상승에 대한 기대를 비정상적으로 증폭시켜 유동성 집중과 레버리지(leverage) 확대를 초래한다. 고수익에 대한 개인의 탐욕은 가격 상승에 대한 기대를 강화시키는 강력한 힘이며, 집단화된 탐욕은 투자자들이 비정상적으로 높은 수준의 위험을 감수하게 만든다. 미미한 상승 신호도 집단적 매수세가 가세하면 유동성 공급의 쏠림을 통해 이성적으로 기대할 수 있는 수준 이상으로 시장 가격이 빠르게 상승할 수 있다. 이런 현상이 심화되면 투자자들이 집단적 광기를 시장 신뢰로 정당화하면서 통제 불능의 버블 형성으로 몰고 가기 쉽다.

공포는 이와 반대로 시장 신뢰를 무력화시키는 동력으로 작용한다. 특정 자산의 시장 가격이 급속히 하락하거나 시장 전반의 위기 징후가 보이면 다수의 시장 참여자들이 동시 다발적으로 보유 자산을 환매해서 포지션을 축소하는 현상이 나타나는 경우가 많다. 이런 상황에서 유동성 공급자들조차 위험 회피를 위해 시장을 이탈하게 되면 빠른 속도로 유동성이 축소된다. 이에 따라 매수세가 약화되면 추가적인 가격 하락을 초래하게 되고, 이것이 다시 자산의 투매를 촉발시킨다. 손실 확대에 대한 공포가 시장 가격 하락을 가속화시켜 시장에 잔류한 투자자들의 공포를 더욱 증폭시키는 자기 강화(self-reenforcing) 효과를 통해 급속히 시장을 붕괴시킨다.

알고리드믹 스테이블코인은 안정화 메커니즘의 핵심 동력으로 차익 거래를 추구하는 시장 참여자의 개인적 탐욕을 활용하는 경우가 많다. 시장 참여자들의 행동에 대한 기대를 알고리즘 설계에 반영하기 때문에 탐욕과 공포가 이와 상이한 집단화된 투자자 행동을 촉발시키면 알고리즘이 시장의 실제 흐름을 따라잡지 못하게 된다. 탐욕이나 공포로 인해 시장 신뢰가 흔들리면 안정화 메커니즘의 정상적인 작동이 불가능해질 수 있으며, 특히 위기 상황을 증폭시키는 부정적 피드백 루프(negative feedback loop)가 작용할 가능성에 매우 취약하다(Ling et al., 2025).

혁신의 산물인 알고리드믹 모델은 준비 자산에 의존하지 않고 시장 신뢰를 기반으로 토큰의 가격을 안정화시킨다. 그러나 현실 세계에서 시장 신뢰는 절대적인 법칙이 아니다. 시장 신뢰의 실체가 확실치 않은 경우도 많을 뿐 아니라 탐욕과 공포가 시장 신뢰를 무력화시키는 것은 역사적으로 수없이 반복된 현상이다. 알고리드믹 모델의 안정화 메커니즘은 법률이나 제도와 같은 강제력의 뒷받침 없이 투자자 행동에 대한 가정(hypothesis)과 이론(theory)을 스마트 콘트랙트 형태로 구현한 것에 불과하다. 준비 자산이나 외부의 유동성 보완 등 실패에 대한 완충 장치를 확보하지 못한 상태에서 시장 참여자의 합리적 행동에 대한 기대에만 의존하는 안정화 메커니즘은 불완전한 실험일 수밖에 없다.

발행자의 탐욕

알고리드믹 모델은 투자자들의 합리적인 차익 거래 추구가 시장 참여자들의 자발적 유동성 공급과 결합된 긍정적 피드백 루프를 형성함으로써 성장한다. 그러나 알고리드믹 모델의 파멸적인 성장 경험이 반복되는 현상을 단순히 투자자의 탐욕만으로 설명할 수는 없다. 시장 참여자들의 자발적 유동성 공급이라는 것을 명확히 정의하기가 쉽지 않기 때문이다. 투자자의 탐욕을 부채질해서 걷잡을 수 없는 상황으로 몰고 가는 것은 대부분 발행자나 플랫폼 운영자의 탐욕이 프로토콜의 성장과 더불어 시스템 리스크를 증폭시키는 핵심 기제로 작동하기 때문이다. 플랫폼 운영자가 알고리드믹 스테이블코인을 투자 매개체로 고수익을 기대할 수 있는 기회를 제공하면 투자자의 탐욕을 자극해서 발행량 확대와 네트워크 확장을 가속화할 수 있다. 하지만 이로 인해 과도한 레버리지의 축적 등 유동성의 질이 악화되는 것이 일반적인 현상이다.

현실적으로 균형 자산을 이용해서 토큰 가격을 안정화시키는 알고리드믹 모델은 상당수가 독자적인 디파이 생태계를 구축한 레이어 1(Layer 1, L1) 네트워크를 기반으로 발행된다. 스마트 콘트랙트를 지원하는 네트워크 운영자가 내생 토큰을 채권 토큰으로 사용하는 알고리드믹 스테이블코인을 발행해서 투자자들이 디파이 투자의 매개체로 사용하게 만드는 것이 일반적인 구조다. 내생 토큰을 대규모로 보유한 네트워크 운영자가 실질적 자본 투입 없이 스테이블코인 발행을 통해 외부에서 대규모 유동성을 확보할 수 있기 때문이다. 디파이를 이용하려는 투자자가 네트워크의 내생 토큰을 매입한 후 이를 스테이블코인과 교환하기 때문에 투자자가 늘어날수록 스테이블코인 토큰에 대한 수요가 확대되고, 이것이 다시 내생 토큰에 대한 수요 확대를 통해 가격 상승을 촉발시킨다(이건호, 2022).

디파이 프로토콜이 투자자를 적극적으로 유인할 수 있는 양질의 투자 기회를 제공할 수만 있다면 이러한 구조가 네트워크와 스테이블코인의 동반 성장을 견인하는 선순환을 만들어 낼 수도 있다. 하지만 현실적으로 디파이가 이러한 선순환이 가능한 수준의 좋은 투자 기회를 지속적으로 제공하는 것은 쉽지 않다. 네트워크 운영자가 탐욕을 억제하지 못하면 인위적으로 고수익을 보장하는 방식으로 투자자의 탐욕을 자극해서 손쉬운 현금 수입 확보와 네트워크의 빠른 성장을 도모하려는 유혹에 넘어가기 쉽다. 알고리드믹 모델의 가장 대표적 실패 사례로 꼽히는 테라 사태도 본질적으로 이와 같은 투자자와 발행자의 탐욕이 결합된 결과였다. 실제로 테라 네트워크는 앵커(Anchor) 프로토콜을 통해 연 20%의 높은 이자율을 제공해서 급속한 성장을 달성했다. 다수의 투자자는 탐욕으로 인해 이런 높은 수준의 수익 기회가 지속 불가능하다는 사실을 외면하면서 파국에 이르기까지 리스크가 축적되는 것을 방치했다(Liu et al., 2023).

참고문헌

이건호(2022). 『코인의 과거, 현재, 미래』. 커뮤니케이션북스.

Adrian, T. et al.(2025). Understanding stablecoins. IMF Departmental Papers 2025/009. Internqtional Monetary Fund. https://doi.org/10.5089/9798229024075.087

Gorton, G. & Zhang, J.(2023). Taming wildcat stablecoins. *University of Chicago Law Review, 90*(3), pp.909~971. https://chicagounbound.uchicago.edu/uclrev/vol90/iss3/3/

Kahneman, D. & Tversky, A.(1979). Prospect theory: An analysis of decision under risk. *Econometrica, 47*(2), pp.263~291. https://www.jstor.org/stable/1914185?seq=2.

Ling, S. et al.(2025). SoK: Stablecoin designs, risks, and the stablecoin LEGO. https://arxiv.org/pdf/2506.17622

Liu, J. et al.(2023). Anatomy of a run: The Terra Luna crash. NBER Working Paper No. 31160. National Bureau of Economic Research. https://www.nber.org/papers/w31160

Shiller, R. J.(2015). *Irrational Exuberance(3rd ed.)*. Princeton University Press.

07

설계 개선과 복원력 강화

스테이블코인이 디지털 경제 생태계의 화폐로서 기능하기 위해서는 탐욕과 공포가 촉발하는 시장 심리의 급변 상황에 효과적으로 대응할 수 있어야 한다. 실패 가능성을 줄이기 위해 알고리즘 자체의 반응성뿐 아니라 온체인 및 오프체인 자원과의 연계성을 강화해서 기술적 복원력을 높여야 한다.

알고리드믹 모델의 한계와 설계 개선

행동경제학은 합리적 기대만으로는 시장 참여자의 의사결정을 설명할 수 없다는 인식에서 출발한다. 탐욕 및 정보 비대칭(information asymmetry)에 기인한 공포는 과잉 반응(overreaction)을 유발해서 시장의 불안정성을 증폭시킨다. 탐욕은 시장의 확장 국면에서 리스크의 축적을 과소평가하게 만들고, 시장 상황이 급변하면 공포가 군중으로 하여금 제한된 정보를 과대 해석해서 집단적 행동에 휩쓸리게 만든다(Akerlof & Shiller, 2009).

탐욕과 공포는 이익 추구와 손실 회피라는 지극히 이성적인 인간의 행동 원리를 극단적 형태로 발현시킨다. 법정화폐나 실물 자산으로 토큰의 내재 가치를 뒷받침하는 자산 담보 모델의 경우도 발행자의 이익 추구 욕구를 적절한 수준으로 억제하지 못하면 준비 자산의 구성에 고수익, 고위험 자산의 비중이 늘어나기 쉽다. 이 경우 토큰의 내재 가치를 안정적으로 유지하기 어려워질 뿐 아니라 시장 상황이 악화될 때 급속한 부실화를 통해 페그의 붕괴를 촉발할 위험에도 노출된다. 알고리드믹 모델이 실질 가치 및 유동성 방어막인 담보가 없다는 본질적 취약성을 설계로 보완하지 못하면 발행자의 탐욕이 커다란 시스템 리스크를 축적시키는 것을 억제하기 어렵다. 설계 단계에서부

터 수학적 균형 조건과 병행해서 인간의 비합리적 행동에 기인한 시장 충격을 흡수 및 완화할 수 있는 제도적 장치와 인센티브 구조 마련에 각별한 주의를 기울여야 한다(Lyons & Viswanath-Natraj, 2020).

테라 사태는 시장 참여자의 탐욕이 디파이를 지렛대로 이용해서 알고리드믹 스테이블코인과 네트워크의 동반 성장을 촉진하는 동력으로 작용할 수 있다는 것을 입증했다. 이와 더불어 양자의 상호 작용을 적절히 억제할 수 있는 안전장치를 마련하지 못하면 파멸적 결과에 이를 수 있다는 것도 적나라하게 보여 주었다. 스테이블코인이 디지털 경제 생태계의 화폐로서 기능하기 위해서는 탐욕과 공포가 촉발하는 시장 심리의 급변 상황에 효과적으로 대응할 수 있어야 한다. 실패 가능성을 줄이기 위해 알고리즘 자체의 반응성뿐 아니라 온체인 및 오프체인 자원과의 연계성을 강화해서 기술적 복원력을 높여야 한다. 특히 모델 개발 과정에서 다음과 같은 노력이 필요하다.

첫째, 설계 자체에 시장 충격에 단계적으로 대응할 수 있는 다단계의 조정(coordination) 로직을 반영해서 페그가 급속히 붕괴하는 것을 저지해야 한다. 다중 방어선은 시스템이 예측 불가능한 상황에 유연하게 대응할 수 있는 능력을 부여한다. 미미한 페그의 이탈에는 평시의 안정화 알고리즘이 토큰의 소각 등으로 대응하되, 급속한 페그 붕괴에 직면하면 외부 담보 투입이나 보조금 등으로 방어할 수 있는 복합적 대응 체제를 갖추어야 한다. 탈중앙화의 원칙을 크게 손상시키지 않으면서 충격 완화를 위한 준비 자산을 시스템 외부에 보관하는 방식의 안전장치 마련을 적극적으로 고려해 보아야 한다.

둘째, 시장 참여자들의 탐욕과 공포를 억제할 수 있는 자동화된 동적(dynamic) 인센티브 구조를 알고리즘에 직접 반영해야 한다. 점진적(progressive) 보상으로 토큰 수요의 급증 국면에서 디파이로의 유동성 집중을 억제하고, 유동성 보조금(liquidity support) 지급 등 공포로 인한 유동성 이탈을 완화할 수 있는 다양한 전략적 인센티브를 설계에 반영해야 한다.

셋째, 안정화 메커니즘을 적기에 보완하는 안전장치를 내재화하기 위해 노력해야 한다. 알고리즘이 단순한 가격 정보에만 의존하지 않고 시장 전반의 건전성과 유동성 상황을 종합적으로 판단해서 보다 정교한 안정화 조치를 취할 수 있게 만드는 것이 중요하다. 이를 위해 온체인 및 오프체인 데이터를 통합하는 다중 신호 오라클(oracle) 네트워크를 구축하고 여기에 조기 경보 및 자동화된 비상 절차를 연동하는 방안을 적극적으로 모색해야 한다.

하이브리드 모델로의 진화

이중 토큰 방식의 알고리드믹 모델은 탐욕과 공포의 자기실현적 피드백 루프를 통해 과도한 리스크 축적과 시장의 괴멸적 이상 반응을 초래할 가능성을 사전적으로 배제하기 어렵다. 시장 가격이 목표 수준을 벗어나면 개인이 지갑에 보유한 토큰의 수량을 조절하는 방식으로 대응하는 리베이싱 모델의 경우 이러한 위험에 대한 우려가 상대적으로 덜하다. 그 대신 각 개인의 입장에서 볼 때 자신이 보유한 토큰의 수량이 예측 불가능하게 변동해서 시장 가격 안정의 효과를 실감하기 어려울 수 있다. 많은 개발자들이 하이브리드(hybrid) 모델에서 돌파구를 모색하고 있는 것은 이 때문이다(Claessens et al., 2018).

자산 담보 모델의 안정화 메커니즘을 차용해서 알고리즘의 한계를 보완하는 하이브리드 모델도 페그를 유지하는 일차적 역할은 자동화된 알고리즘이 수행한다. 토큰과 준거 자산의 직접 교환을 지원하는 안전장치인 준비 자산을 확보하는 것은 이 일차 방어선이 무너질 가능성에 대비한 보완책이다. 대부분 스마트 콘트랙트가 직접 준비 자산을 관리해서 탈중앙화를 유지하면서, 부분 담보의 원칙을 적용해서 자본 효율성을 확보하는 방식으로 페그의 안정화를 도모한다.

하이브리드 모델은 실무적 안정성과 규제 수용성 측면에서 순수한 형태의 알고리드믹 모델보다 안정적 운영이 가능하다. 하지만 시장 참여자들의 행동에 대한 경제학적 가정과 수학적 법칙을 코드로 구현하는 것만으로는 실제 상황에서 안정적으로 페그를 유지하는 것이 불가능하다는 것을 전제하기 때문에 이를 보완하기 위해 설계의 복잡성을 감수할 수밖에 없다. 탐욕과 공포라는 인간 본연의 심리적 기제와 이로 인한 시장의 이상 반응이 알고리즘의 유효성을 위협하는 근본적인 요인임을 인지하고 이에 대한 대응책을 설계에 반영하는 것이 중요하기 때문이다. 강제력을 가진 사회적 중재자 대신 시장 원리가 토큰의 시장 가치를 안정적으로 뒷받침하기 위해서는 가정에만 의존하지 않고 시장 참여자가 적극적으로 알고리즘에 협조할 수 있는 인센티브 구조를 구축해서 이를 알고리즘에 내재해야 한다.

하이브리드 모델 설계의 핵심 요건은 시장 상황 급변에 대처할 수 있는 유동성 백업(back-up)과 같은 완충 장치를 사전에 확보하는 것이다. 정상 상황에서만 작동하는 안정화 메커니즘의 한계를 보완하기 위한 완충 장치는 중앙화된 전통 금융기관을 통한 대출 한도(crddit line)나 보험 펀드(insurance fund) 등 다양한 형태로 구현될 수도 있다. 그러나 대다수 개발자는 스마트 콘트랙트가 관리 가능한 형태로 준비 자산을 구성하는 방안을 선택한다. 위기 상황에서 시장 심리를 완화하고 유동성 공급을 촉발시키는 작동 규칙을 알고리즘으로 자동화하는 것이 탈중앙화의 이념에 부합하기 때문이다.

하이브리드 모델의 설계에 외부 자원의 통합을 포함시키는 것은 알고리즘의 한계를 극복하고 실무적 안정성을 확보하기 위한 현실적인 타협점이다. 그러나 개발자가 가능한 한 탈중앙화의 원칙을 유지하기 위한 방법론을 모색하는 것은 매우 중요한 의미를 가진다. 법정화폐나 실물자산 대신 다중 암호화폐 바스켓 형태로 준비 자산을 구성해서 담보 가치의 변동성을 완화시키는 것은 이러한 노력의 일환으로 볼 수 있다. 특히 네트워크의 내생 토큰 이외에 다른 프로토콜이 발행한 자산 담보 모델의 스테이블코인이나 RWA 토큰 등 비교적 안정성이 확보되면서도 유동성 및 신용 특성이 서로 다른 자산을 혼합하는 것이 유효한 전략이 될 수 있다. 이를 기반으로 위기에 대응하는 유동성 공급의 우선순위와 사용 규칙을 명확하게 알고리즘에 반영해서 탈중앙화된 방식으로 실행할 수 있게 만들어야 한다(Catalini & Massari, 2021).

탈중앙화 이념의 훼손 가능성에도 불구하고 하이브리드 모델이 부분 담보를 토대로 한 다층적 방어 전략을 채택하는 것은 화폐가 필요로 하는 최소한의 실무적 안정성을 확보하기 위해 불가피한 선택이라고 볼 수 있다. 이러한 모델의 설계에서 특히 중요한 것은 토큰 발행으로 유입된 유동성을 균형 자산과 보험 성격으로 적립된 준비 자산으로 엄격하게 분리해서 관리하는 것이다. 부분 담보의 원칙 아래서 준비 자산을 균형 자산과 동일한 방식으로 운영하면 시장 상황이 악화될 때 안정화 메커니즘의 복원력을 강화하는 안전장치로 효력을 발휘하기 어렵기 때문이다. 이와 더불어 다양한 시장 참여자의 인센티브를 정교하게 반영한 보상 체계를 구축해서 이를 기술적 설계에 포함시켜야 한다. 특히 유동성 공급자(liquidity provider)와 시장 조성자가 장기적으로 안정화 메커니즘의 작동을 지원할 수 있는 보상 체계를 설계하는 것이 중요하다. 페그의 붕괴 가능성을 조기에 발견하기 위한 노력도 필요하다. 스트레스 지수(stress index)를 개발해서 그 변화에 따라 보상을 동적으로 조정하면 유동성 이탈을 보다 효율적으로 억제할 수 있을 것이다(Cong et al., 2022).

실무적 측면에서 외부 감사 등 투명성 확보를 위한 메

커니즘을 탈중앙화된 거버넌스와 유기적으로 결합시키는 것이 보상 체계의 설계에 못지않게 중요하다. 블록 익스플로러(block explorer) 등을 통해 부분 담보의 적정성에 대한 검증을 시행하고, 준비 자산의 구성과 운용 내역에 대한 정기적인 외부 감사를 실시해서 그 결과를 온체인 증빙이 가능한 형태로 공개해야 한다(Walch, 2019). 운영의 신뢰성을 확보하기 위해 비상 상황에서 자동적으로 정상 상황의 안정화 메커니즘 실행을 중단시키고 안전장치의 개입을 촉발시키는 절차를 사전에 명확하게 정의하는 것도 필요하다. 이와 더불어 코드의 안전성에 대한 정기적 감사, 포렌식(forensic), 버그 바운티(bug bounty) 등을 통해 거버넌스의 실행 가능성을 확인하는 것도 필요하다(De Filippi & Wright, 2018).

거버넌스의 탈중앙화는 의사 결정의 투명성을 높이지만 긴급 상황에서 의사 결정을 지연시키는 치명적 약점에 노출될 수 있다. 담보 재구성, 유동성 동원, 비상 권한 부여 등 핵심적 사안에 관련된 제반 규칙을 사전에 마련해서 위기에 직면한 상황에서 신속한 집행이 가능한 위임 구조를 갖춰야 한다. 특히 거버넌스 토큰을 대량 보유한 발행자 및 재단이 주요 의사 결정을 좌우해서 시스템 리스크의 축적을 방치하지 않도록 주의 깊은 설계가 요구된다. 이를 위해 위기 시의 비상 권한과 책임 규정을 거버넌스에 명시해서 신속하고 투명한 의사 결정을 보장해야 한다. 급속한 페그 붕괴에 대응하는 비상 위원회(emergency committee)를 사전에 설치해서 특정 조건하에서 간소화된 긴급 투표 절차를 적용하는 등 비상 대응의 속도와 권한 남용의 방지를 동시에 보장하는 설계도 적극적으로 고려해 볼 필요가 있다.

참고문헌

Akerlof, G. A. & Shiller, R. J.(2009). *Animal spirits: How human psychology drives the economy, and why it matters for global capitalism*. Princeton University Press.

Catalini, C. & Massari, A.(2021). Stablecoins and the future of money. Harvard Business Review. https://hbr.org/2021/08/stablecoins-and-the-future-of-money

Claessens, S. et al.(2018). Fintech credit markets around the world: Size, drivers and policy issues. BIS Quarterly Review, September 2018. https://www.bis.org/publ/qtrpdf/r_qt1809e.htm

Cong, L. W. et al.(2022). Token-based platform finance. *Journal of Financial Economics, 144*(3), pp.972~991. https://www.sciencedirect.com/science/article/abs/pii/S0304405X21004414?via%3Dihub

De Filippi, P. & Wright, A.(2018). *Blockchain and the law: The rule of code*. Harvard University Press.

Lyons, R. K. & Viswanath-Natraj, G.(2020). What keeps stablecoins stable?. NBER Working Paper No. 27136. https://www.nber.org/papers/w27136

Walch, A.(2019). Deconstructing 'Decentralization': Exploring the core claim of crypto systems. In Brummer, C.(Ed.). *Cryptoassets: Legal, regulatory, and monetary perspectives*, pp.39~68. Oxford University Press.

08

이념과 제도의 충돌

탈중앙화는 모든 개인이 자유롭게 자신의 이익을 추구하는 과정에서 자연스럽게 균형 상태가 도출되게 만드는 것을 지향한다. 탈중앙화의 이념은 코드의 지배를 통해 국가 권력에 의한 강제력과는 전혀 다른 성격의 실행력을 확보해서 목표를 달성하고자 하기 때문에 제도와의 충돌이 불가피하다.

화폐의 단일성

제도적 뒷받침은 단순한 강제력보다 복잡한 의미를 가진다. 따라서 '화폐를 제도가 뒷받침한다'는 것이 단순히 국가가 법률로 정한 교환의 매개체를 강제력을 동원해서 국민들이 사용하게 만든다는 것만을 의미하지는 않는다. 이중 화폐제도가 뒷받침하는 예금이 법정화폐인 현금과 동일한 화폐로 인정받는 이유는 다수의 시장 참여자가 타인도 이를 받아들일 것이라는 수용성(acceptability)과 모든 은행의 예금이 법정화폐인 현금과 동일한 교환가치를 유지할 것이라는 화폐의 단일성(singleness of money)에 대한 신뢰 때문이다(Goodhart, 1998). 국가의 강제력은 사전적 장치인 제도를 법률에 의한 사후적 구제로 보완하는 수단이다. 즉 제도는 국가가 사전적으로 선포한 규칙이며, 이를 훼손하는 사회 구성원의 일탈 행위를 사후적 강제력을 동원해서 처벌할 것을 약속함으로써 신뢰를 확보한다. 제도가 의미를 가지는 것은 이러한 사후적 구제가 엄포에 그치지 않을 것이라는 시장 참여자의 신뢰가 확립된 경우에 국한된다.

암호화폐는 본질적으로 화폐의 기본 속성인 수용성과 단일성을 모두 결여한 자산이다(Zelizer, 1997). 열렬한 지지자들이 법정통화와 교환이 가능한 시장인 거래소를 구축하고 활발하게 거래에 참여함으로써 불완전하게나마 수용성을 보완했지만, 법정화폐와의 단일성을 확보하는 것은 아직 요원하다. 물론 암호화폐가 상품화폐와 유사하다는 인식을 바탕으로 내재 가치를 기반으로 화폐의 역할을 수행할 수 있다는 주장도 제기된다. 그러나 실질적으로 양자의 등가성을 보장하는 제도적 기반이 없는 한 암호화폐는 법정화폐와 같은 화폐로 사용하기에 부적합하다. 설사 국가가 암호화폐의 통용성을 보장하더라도 법정화폐와의 단일성 결여는 이를 안정적인 교환의 매개체로 사용하기 어려운 근본적인 이유로 작용할 수밖에 없다.

달러 스테이블코인처럼 법정화폐를 준거 자산으로 발행된 스테이블코인은 분산원장 기술을 기반으로 디지털 경제 생태계에서 법정화폐와의 단일성을 확보한 자산을 창조하기 위한 노력의 산물이다. 즉 달러 스테이블코인을 정의하는 '1토큰=1달러'와 같은 표현은 스테이블코인과 법정화폐의 단일성을 의미한다. 일단 법정화폐와의 단일성만 확보되면 굳이 국가가 강제력을 동원하지 않아도 시장을 통해 완벽한 수준의 통용성을 확보하는 것이 그리 어려운 일은 아니다. 하지만 스테이블코인에 대해 '단일성' 대신 굳이 '연동' 혹은 '페그'와 같은 표현을 사용한다는 것 자체가 현실적으로 법정화폐와 단일성을 확보하는 것이 불가능하다는 것을 시사한다. 결국 스테이블코인을 제도화한다는 것은 단순히 국가가 이를 화폐로 인정한다는 의미가 아니라 이러한 결함을 보완하는 제도를 확립하는 것을 의미한다.

스테이블코인 발행자는 코드를 이용해서 디지털 경제 생태계의 지급 수단으로 사용할 수 있는 토큰을 발행한다. 시장 참여자들은 이를 매입해서 실제로 지급 결제에 사용하거나 디파이 플랫폼에서 수익 기회를 추구하는 투자의 매개체로 사용한다. 이러한 시장 환경은 거래소 등을 이용해서 제도가 뒷받침하는 법정화폐와 토큰을 안정적인 비율로 교환하는 것이 가능할 것이라는 믿음을 기반으로 조성될 수 있다. 안정화 메커니즘은 이러한 믿음을 뒷받침하는 중요한 장치지만 제도만큼 공고한 시장 참여자들의 신뢰를 얻기 힘들다. 실제로 제도적 뒷받침이 없는 상태에서는 법정화폐나 그 등가물을 담보로 발행된 스테이블코인조차 화폐의 기능을 원활하게 수행하는 것이 쉽지 않다. 국가는 법정화폐와 실질적 등가 교환이 가능한 환경의 구체적 요건을 천명하는 데 그치지 말고, 안정화 메커니즘의 원활한 작동에 장애를 초래하는 시장 참여자의 행위를 억제할 수 있도록 강제력이 뒷받침하는 실행 가능한 위협(credible threat)으로서의 법률적 환경을 구축해야 한다.

탈중앙화 이념과 제도화

스테이블코인과 법정화폐의 단일성을 확보하려면 누구나 언제든지 토큰을 법정화폐와 일대일의 비율로 교환할 수 있는 환경을 구축해야 한다(Allen & Gale, 2007). 이러한 환경을 구축하는 가장 직관적인 방법론은 발행자가 실제로 토큰과 교환이 가능한 상태로 법정화폐를 보관하게 만드는 것이다. 시장의 마찰을 무시한다면 이러한 환경에서는 토큰 보유자가 직접 발행자에게 상환을 요구하는 대신 시장에서 매도하더라도 1토큰=1달러의 시장 가격을 유지하지 못할 이유가 없다. 이것이 자산 담보, 특히 법정화폐 담보 모델의 논리적 기반이다. 그러나 실제로 이러한 메커니즘을 설계하고 원활한 작동을 보장할 수 있는 제도를 구축해서 운영하는 것은 결코 쉬운 일이 아니다.

현실적으로 가장 큰 문제는 토큰의 발행과 유통에 소요되는 비용을 누군가가 어떤 방식으로든 부담해야 한다는 데에 있다. 준비 자산을 현금 상태로 보관하면 시장 가치와 유동성 확보는 문제되지 않지만 발행자의 운영 비용을 충당하는 것이 불가능하다. 이용자에게 토큰의 발행 및 유통에 관련된 수수료를 부과하면 쉽게 해결 될 수도 있는 문제이지만, 이는 자칫 시장 마찰로 인해 수요 자체를 위축시킬 수 있다. 수수료에 대한 의존도를 줄이기 위해서는 발행자 및 네트워크 운영자가 토큰 발행으로 확보한 법정화폐를 수익 자산에 투자해서 비용을 충당하고 이익을 남길 수 있어야 한다. 그런데 수익 자산은 기대 수익률이 높을수록 더 큰 위험에 노출된다. 은행 예금은 비교적 안전하다지만 이마저도 절대적이지는 못하다. 예금보호제도 등이 잘 갖추어진 국가에서도 일정 금액 이상의 예금은 법률상 보호 대상이 아니기 때문이다.

발행자의 신중한 의사 결정만으로 법정화폐와 스테이블코인의 단일성을 유지할 수 있기를 기대하기는 어렵다. 일반적으로 스테이블코인 제도화의 핵심은 법정화폐와의 단일성을 확보하기 위한 메커니즘 설계와 인센티브 내재화로 요약될 수 있다. 메커니즘 설계는 목적 달성을 위한 시장 참여자의 행동 원칙을 명문화하는 것을, 그리고 인센티브 내재화는 시장 참여자들이 자발적으로 이러한 원칙을 따르게 만드는 보상 구조를 확립하는 것을 각각 의미한다. 메커니즘 설계는 준비 자산의 구성 및 관리 방법과 관련해서 발행자가 시장 가치 및 유동성 확보를 위해 취해야 할 행동 준칙을 명확히 정의하는 데에 초점을 맞추어야 한다. 인센티브 내재화는 메커니즘의 준칙이 발행자를 비롯한 시장 참여자의 이익 추구를 과도하게 제약하지 않으면서도 시장 참여자의 일탈적 행위에 대해 직접적인 불이익을 부과할 것을 필요로 한다. 특히 안정화 메커니즘은 시장 참여자의 이익 추구 행위를 기반으로 작동하기 때문에 탐욕이 안정성을 위협하지 않도록 실효성 있는 불이익을 부과할 수 있어야 한다.

국가의 힘은 시장 참여자가 이러한 불이익을 실행 가능한 위협으로 받아들여 일탈 행위를 자제하게 만드는 데 의미가 있다. 그러나 탈중앙화의 이념은 개인에게 불이익을 부과하는 국가의 강제력 자체를 부인한다. 탈중앙화가 개인의 일탈 행위를 방관한다는 것이 아니라 모든 개인이 자유롭게 자신의 이익을 추구하는 과정에서 자연스럽게 균형 상태가 도출되게 만드는 것을 지향한다는 의미다. 탈중앙화의 이념은 코드의 지배를 통해 국가 권력에 의한 강제력과는 전혀 다른 성격의 실행력을 확보해서 목표를 달성하고자 하기 때문에 제도와의 충돌이 불가피하다 (Buterin, 2017).

국가의 강제력 대신 탈중앙화 방법론만으로 제도화에 버금가는 효과를 얻으려는 시도의 대표적 사례로 다이를 들 수 있다. 다이는 강제력이 뒷받침되지 않는 안정화 메커니즘이 사전적으로 탐욕을 억제하는 수단이 될 수 없다는 전제에서 출발한다. 강제력을 확보하지 못한 상황에서 사후적 불이익에 대한 실행력 있는 위협을 알고리즘에 반영하는 수단으로 초과 담보의 원칙을 적용한다. 즉 다이의 준비 자산은 원금 상환을 위한 담보와 부실화 방지의 이행 보증금 성격의 자금으로 구성된다. '준비 자산의 가치가 발행된 다이를 1토큰=1달러로 환산한 금액의 130%를 상회할 것'과 같은 원칙을 명시한 후, 사후적으로 이 원칙을 위배한 볼트에 대한 경매를 강행함으로써 불이익을 부과하는 것이다. 사전적으로 상환 의무를 초과하는 암호화폐를 볼트에 동결하고, 부실화가 현실화되기 이전에 이를 경매에 부쳐 토큰을 회수한다(De Filippi & Wright, 2018). 부실화에 미리 대처하지 못한 볼트의 보증금을 사후적으로 몰수하는 구조는 발행자에게 실행 가능한 위협이 된다. 따라서 발행자가 손실 회피를 위해 스스로 토큰을 회수하거나 추가 담보를 제공해서 부실화를 회피할 강력한 인센티브로 작용한다.

알고리즘의 한계

다이는 탈중앙화 이념과 제도의 충돌을 알고리즘이 완충할 수 있다는 가능성을 입증한 사례다. 하지만 초과 담보의 원칙은 발행자가 항상 발행된 토큰의 상환에 필요한 수준 이상의 준비 자산을 보유하게 만들어 자본 효율성을 훼손한다(Brunnermeier & Oehmke, 2013). 결국 다이는 알고리즘이 강제력의 결여를 보완하기 위해서는 상당한 비효율을 감수할 수밖에 없다는 한계를 명확히 보여 주는 사례이기도 하다. 초과 담보의 원칙으로 인해 발행자는 특별히 고수익의 투자 기회를 추구하는 경우가 아닌 한 토큰 발행의 유인을 찾기 어렵다. 그래서 다이의 발행자는 이미 암호화폐를 보유한 상태에서 추가 투자를 위한 투기적 레버리지 거래의 수단으로 이용하는 투기 목적의 투자자인 경우가 많았다. 최근에는 발행 플랫폼인 메이커다오가 국채 등 안전자산 기반의 RWA 토큰을 준비 자산으로 사용하는 모델을 개발하고 초과 담보의 부담을 낮추면서 이런 문제가 다소 완화되었다.

순수 알고리드믹 모델은 이와 같은 문제, 즉 초과 담보로 인한 자본 효율성 훼손을 회피하는 수단으로 개발되었다(Lyons & Viswanath-Natraj, 2020). 그러나 아직까지는 완전한 성공한 사례를 찾아보기 힘들다. 암플포스(Ampleforth, AMPL) 같은 리베이싱 모델은 아예 준비 자산 없이 알고리즘이 직접 토큰의 실질 유통량을 조정해서 페그를 유지한다. 그러나 시장 참여자에게 적절한 유인을 제공하는 작동 구조를 갖추지 못했기 때문에 이용자 확산에 어려움을 겪을 수밖에 없었다. 테라 같은 이중 토큰 모델은 준비 자산 대신 균형 자산의 개념을 채택해서 초과 담보의 필요성을 제거했다. 그 결과 사후적 불이익에 대한 실행 가능한 위협이 결여되어 과도한 리스크 축적과 급속한 시장 붕괴 등 자기 실현적 피드백 루프의 작동을 억제할 완충 장치 구축에 실패했다. 부분 담보 원칙의 하이브리드 모델인 프락스(Frax)는 궁극적으로 완전 담보 모델로 전환함으로써 알고리즘만으로 자본 효율성과 페그의 안정성을 확보하는 것이 쉽지 않다는 것을 시인하는 결과를 가져왔다(Harvey et al., 2021).

참고문헌

Allen, F. & Gale, D.(2007). *Understanding financial crises*. Oxford University Press.

Brunnermeier, M. K. & Oehmke, M.(2013). Bubbles, financial crises, and systemic risk. In Constantinides, G. M. et al.(Ed.). *Handbook of the economics of finance*, pp.1221~1288. Elsevier. https://markus.scholar.princeton.edu/sites/g/files/toruqf2651/files/05c_Brunnermeier_Oehmke_Systemic_Risk_website_0.pdf

Buterin, V.(2017). The meaning of decentralization. https://medium.com/@VitalikButerin/the-meaning-of-decentralization-a0c92b76a274

De Filippi, P. & Wright, A.(2018). *Blockchain and the law: The rule of code*. Harvard University Press.

Goodhart, C.(1998). The two concepts of money: Implications for the analysis of optimal currency areas. *European Journal of Political Economy, 14*(3), pp.407~432. https://doi.org/10.1016/S0176-2680(98)00015-9

Harvey, C. R. et al.(2021). *DeFi and the future of finance*. Wiley.

Lyons, R. K. & Viswanath-Natraj, G.(2020). What keeps stablecoins stable?. NBER Working Paper No. 27136. https://www.nber.org/papers/w27136

Zelizer, V.(1997). *The social meaning of money: Pin money, paychecks, poor relief, and other currencies*. Princeton University Press.

09

실패와 교훈

알고리즘이 균형 자산을 이용해서 공급량을 조절하되, 토큰의 내재 가치를 보완할 수 있도록 발행 금액의 일정 비율에 해당하는 준비 자산을 확보하는 하이브리드 모델이 관심을 받게 되었다. 이 모델은 자산 담보 모델에 비해 탈중앙화의 이념에 크게 배치되지 않고 자본 효율성을 높이면서도 순수 알고리드믹 모델보다는 견고할 것이라는 시장의 기대를 받았다.

베이시스 캐시의 실험

스마트 콘트랙트가 네트워크의 내생 토큰을 이용해서 시장에서 스테이블코인의 유통량을 조절하는 이중 토큰 모델의 대표격인 테라의 실패 경험은 수많은 문헌에서 다루고 있다(Liu et al., 2023). 그러나 베이시스 캐시(Basis Cash, BAC)의 사례는 비교적 잘 알려져 있지 않다. 베이시스 캐시는 테라에 앞서 순수 알고리드믹 모델의 본질적 취약성을 여실히 드러낸 경고음과도 같은 사례였지만 그 교훈이 시장 참여자들에게 충분히 학습되지 않았다. 이 프로젝트의 주 개발자가 이후 디지털 경제 생태계 전반에 커다란 파문을 일으킨 테라의 개발을 주도했던 권도형(Do Kwon)이었다는 사실은 많은 사람들에게 충격을 주기도 했다.

베이시스 캐시는 달러와의 페그를 유지하기 위해 지분 토큰 및 채권 토큰을 이용하는 스테이블코인 생태계를 구축했다. 스마트 콘트랙트가 프로토콜의 거버넌스 토큰인 베이시스 쉐어(Basis Share, BAS) 및 채권 토큰인 베이시스 본드(Basis Bond, BAB)를 각각 베이시스 캐시와 1대 1로 교환하는 방식으로 작동하는 안정화 메커니즘을 채택했다. 캐시의 시장 가격이 1달러보다 높아지면 캐시를 추가 발행해서 쉐어와 교환하고, 1달러 아래로 떨어지면 본드를 발행해서 캐시와 교환하는 방식이다. 이 구조는 캐시의 시장 가격이 목표 가격보다 높을 때 쉐어 보유자가 캐시를 매각하고, 목표 가격보다 낮을 때 본드 보유자가 캐시를 매입할 인센티브를 부여한다. 이론적으로 볼 때 담보 역할을 할 준비 자산을 확보하지 않아도 알고리즘이 시장 참여자들에게 차익 거래 기회를 제공해서 자연히 토큰의 수요와 공급이 조절된다.

외견상 정교해 보이는 이러한 논리는 현실의 시장에서 맥없이 무너졌다. 베이시스 캐시는 출범하자마자 곧바로 페그가 붕괴되면서 투자자들에게 막대한 손실을 안겼다. 캐시 가격이 1달러 아래로 하락했을 때 이를 매도한 시장 참여자들이 본드를 구매하려 하지 않았기 때문이다. 캐시가 미래에 1달러의 시장 가격을 회복할 것이라는 보장도 없었을 뿐 아니라 본드도 이자를 지급하지 않아 투자자가 굳이 위험을 감수할 이유가 없었다. 투자자들은 손실 최소화를 위해 본드를 구매하는 대신 캐시를 서둘러 현금화했다(Lyons & Viswanath-Natraj, 2020). 손실 확대에 대한 시장 참여자들의 공포가 안정화 메커니즘을 압도해서 시장 가격 하락이 가속화되었다.

베이시스 캐시의 실패를 통해 화폐의 본질적 기능인 욕망 대체를 뒷받침하는 사회적 합의를 개인의 합리적 이익 추구를 전제로 한 알고리즘으로 대체하는 것이 불가능하다는 것이 명확히 드러났다. 시장 참여자의 합리적인 행동에만 의존하는 순수 알고리드믹 모델의 취약성, 즉 강제력이 없는 코드가 제도적 장치를 대신할 수 없다는 것이 다시 한번 확인된 것이다(Gorton & Zhang, 2023).

고수익의 유혹

테라의 개발자는 베이시스 캐시 실패의 주된 원인이 페그가 위태로워졌을 때 투자자들이 캐시를 본드로 교환할 유인이 충분하지 못했기 때문이라는 인식을 바탕으로 이를 보완하는 데에 초점을 맞추었다. 거버넌스 및 지분 토큰인 쉐어가 크게 의미 있는 역할을 수행하지 못했다는 것도 중요한 고려 사항이었다. 안정화 메커니즘의 원활한 작동을 위해 독자적인 레이어 1 네트워크를 이용하는 것이 유리하다는 판단도 크게 작용했다. 캐시, 쉐어, 본드의 3개 토큰을 모두 이더리움 네트워크 기반의 ERC-20 방식으로 발행했던 베이시스 캐시와 달리 테라는 코스모스(Cosmos) 기반의 독립적인 레이어 1 블록체인 네트워크를 구축하고, 그 내생 토큰인 루나를 균형 자산으로 사용해서 스테이블코인을 발행하는 구조를 채택했다. 또 이 네트워크에 디파이 프로토콜인 앵커(Anchor)를 개설해서 테라를 예치한 투자자에게 연 20%에 달하는 높은 수익률을 제공함으로써 탐욕을 자극했다(Harvey et al., 2021). 앵커에 자금을 예치하기 위한 투자 매개체인 테라의 수요가 급증하자 토큰의 신규 발행에 필요한 루나의 시장 유통량이 급속히 줄어들어 시장 가격이 급상승했다. 루나 보유자들이 동일한 수량의 루나를 보다 많은 수량의 테라로 교환할 수 있게 되면서 루나와 테라가 서로의 시장 지위를 강화하는 긍정적 피드백 루프가 형성됐다. 루나는 이러한 상승 작용에 힘입어 한 때 암호화폐 시장 시가 총액 5위권에 진입했다. 비교적 신생의 테라 네트워크가 단기간에 가장 성공적인 레이어 1 네트워크 중 하나로 성장한 것이다.

테라의 본질적 문제는 앵커의 높은 수익률이 지속 불가능하다는 점에 있었다. 2020년대 초반 실물이나 디지털 경제 생태계의 시장 환경에서는 20%라는 높은 수익률을 안정적으로 제공하는 투자 기회를 찾는 것이 불가능했다. 앵커는 유망한 수익 모델이 없는 상태에서 신규로 유치한 자금으로 선행 투자자에게 이자를 지급하는 폰지(Ponzi) 사기와 유사한 구조에 의존할 수밖에 없었다(Kurovskiy & Rostova, 2023). 테라의 빠른 성공 비결은 베이시스 캐시가 직면했던 시장 신뢰라는 근본 문제를 해결한 것이 아니었다. 단지 높은 이자율이라는 강력한 유인책으로 투자자들의 탐욕을 자극해서 문제의 본질을 가려놓았던 것에 불과했다. 소수의 전문가들이 이러한 문제점을 공개적으로 지적하기도 했지만 이미 탐욕에 휩싸인 수많은 시장 참여자들은 이를 귀담아 듣지 않았다.

일시적인 시장 충격으로 테라의 페그가 불안해지면서 일부 투자자가 대규모로 테라를 루나로 교환하기 시작하자 시장 심리가 급변했다. 뒤늦게 앵커의 허구적 수익 구조에 경계심을 느낀 시장 참여자들이 테라의 매각에 나서면서 루나의 유통량이 급속히 늘어나 시장 가격의 하락 압력이 가중되었다. 베이시스 캐시의 경우와 마찬가지로 일단 본격적인 가격 하락이 시작하자 투자자들에게 테라를 루나로 교환해서 보유하라고 설득할 수 있는 방법은 존재하지 않았다. 테라와 루나의 시장 가격 동반 하락을 유발하는 부정적 피드백 루프가 작동하기 시작하면서 투자자들의 연쇄적인 대규모 투매로 인해 단기간에 두 토큰의 시장 가치가 모두 0에 가까운 수준으로 급락했다.

리베이싱 및 하이브리드 모델

암플포스는 담보나 인간의 감정에 의존하지 않고 알고리즘이 시장에 공급된 토큰의 유효 수량을 직접 조정하는 리베이싱 방식을 택했다(Schär, 2021). 매일 정해진 시간에 스마트 콘트랙트가 시장 가격을 확인해서 1달러보다 높으면 모든 지갑의 소비 가능한 토큰 수량을 증가시키고, 반대로 1달러보다 낮으면 모든 지갑의 소비 가능한 토큰 수량을 줄이는 방식이었다. 알고리즘이 직접 페그를 유지하는 데 필요한 균형점에 토큰의 시장 공급을 맞추는 방법론 자체는 이론적으로 볼 때 큰 문제가 없었다. 그러나 현실적으로는 리베이싱 메커니즘이 가격 변동성을 완화시키기보다 오히려 투자자의 현실 인식을 흐리게 하는 요소로 작동한 사례가 많았다. 개별 지갑에 보관된 토큰의 수량이 매일 변경되었기 때문에 실제 토큰 보유자가 가격의 안정성이라는 스테이블코인의 장점을 실감하기 어려웠던 것이다.

이처럼 순수 알고리드믹 모델들이 잇따라 실패하자 시장은 안정성과 탈중앙화 사이의 균형점을 찾기 시작했다. 알고리즘이 균형 자산을 이용해서 공급량을 조절하되, 토큰의 내재 가치를 보완할 수 있도록 발행 금액의 일정 비율에 해당하는 준비 자산을 확보하는 하이브리드 모델이 관심을 받게 되었다(Catalini & Massari, 2021). 이 모델은 자산 담보 모델에 비해 탈중앙화의 이념에 크게 배치되지 않고 자본 효율성을 높이면서도 순수 알고리드믹 모델보다는 견고할 것이라는 시장의 기대를 받았다. 하지만 아직까지는 궁극적인 성공 사례를 만들어 내지 못한 상태다.

초기 하이브리드 모델 중 하나인 아이언 파이낸스(Iron Finance)는 거버넌스 토큰인 티탄(TITAN)과 더불어 유에스디코인을 준비 자산으로 달러 스테이블코인인 아이언(IRON)을 발행했다. 담보 비율 및 신규 아이언 발행을 위해 확보해야 할 유에스디코인의 비율은 유동성과 시장 상황에 따라 조정되었다. 2021년 6월 고래(whale)로 불리는 소수의 대형 투자자들이 아이언을 유에스디코인으로 환매하기 시작하면서 일시적으로 페그가 불안해지자 부분 담보가 안정성을 보완할 것이라는 당초의 기대와 달리 시장 상황이 걷잡을 수 없이 악화되었다. 투자자들이 보유한 티탄을 투매하기 시작하면서 가격이 급락했고, 부분 담보로 확보된 유에스디코인만으로는 아이언의 시장 가격 회복을 기대할 수 없게 되어 단기간에 프로토콜이 마비되었다(Claessens et al., 2018).

달러 스테이블코인인 프락스는 매우 흥미로운 진화 과정을 거쳤다. 프락스는 프로토콜의 거버넌스 토큰인 프락스 쉐어(Frax Share, FXS)와 유에스디코인을 준비 자산으로 갖추고 시장 상황에 따라 담보 비율을 신축적으로 조정하는 방식을 채택해서 외견상 아이언과 유사했다. 하지만 아이언과 달리 비교적 안정적으로 페그를 유지해서 한때

시가 총액 수십억 달러에 달하며 하이브리드 모델의 가능성을 보여 주는 성공적인 사례로 평가받았다. 하지만 프로토콜의 거버넌스는 알고리즘적 요소를 점진적으로 줄여나가 100%에 가까운 완전 담보 모델로 전환하겠다는 목표를 제시하고, 결국 2023년 이를 실행에 옮겼다(이건호, 2025). 테라 사태 이후 알고리즘이 가격 안정화를 주도하는 모델에 대한 시장의 불신이 고조되었을 뿐 아니라 각국이 스테이블코인에 대한 규제를 강화하면서 투명한 담보 관리에 초점을 맞추는 추세 속에서 장기적 생존과 성장을 위해 규제 리스크를 최소화하려는 것이 주된 이유였다. 불완전한 담보를 통한 하이브리드 실험 역시 궁극적인 안정성과 시장 신뢰를 확보하기 어렵다는 현실을 반영한 변화였다. 프락스의 사례는 제도적 보증이 부재한 상태에서 견고한 담보를 갖추지 않고 투자자의 합리적 기대에만 의존한 혁신이 넘어야 할 벽이 매우 높다는 것을 다시 확인시켜 주었다.

참고문헌

이건호(2025). 『스테이블코인』. 커뮤니케이션북스.

Catalini, C. & Massari, A.(2021). Stablecoins and the Future of Money. Harvard Business Review. https://hbr.org/2021/08/stablecoins-and-the-future-of-

money
Claessens, S. et al.(2018). Fintech credit markets around the world: Size, drivers and policy issues. BIS Quarterly Review, September 2018.
https://www.bis.org/publ/qtrpdf/r_qt1809e.htm
Gorton, G. & Zhang, J.(2023). Taming wildcat stablecoins. *University of Chicago Law Review, 90*(3), pp.909~971.
https://chicagounbound.uchicago.edu/uclrev/vol90/iss3/3/
Harvey, C. R. et al.(2021). *DeFi and the future of finance.* Wiley.
Liu, J. et al.(2023). Anatomy of a run: The Terra Luna crash. NBER Working Paper No. 31160. National Bureau of Economic Research. https://www.nber.org/papers/w31160
Lyons, R. K. & Viswanath-Natraj, G.(2020). What keeps stablecoins stable?. NBER Working Paper No. 27136.
https://www.nber.org/papers/w27136
Kurovskiy, N. & Rostova, G.(2023). How algorithmic stablecoins fail.
https://www.snb.ch/dam/jcr:5140cb30-3c8c-433d-8619-0354b8f1036e/sem_2023_05_26_rostova.n.pdf
Schär, F.(2021). Decentralized finance: On blockchain- and smart contract-based financial markets. *Federal Reserve Bank of St. Louis Review, 103*(2), pp.153~174.
https://www.stlouisfed.org/publications/review/2021/02/05/decentralized-finance-on-blockchain-and-smart-contract-based-financial-markets

10

새로운 실험

시장의 탐욕과 공포가 시스템 전체를 뒤흔들지 못하도록 합의된 제약을 코드에 내재화하는 일은 매우 중요하다. 탈중앙화를 추구하는 금융 혁신의 지속 가능성은 무조건적 자율성의 추구가 초래할 혼란을 최소화하기 위해 코드에 규율을 내재화하는 실천에 달려 있다.

세계 각국이 빠르게 스테이블코인 관련 규제 체제를 갖추어 가고 있다. 하지만 유럽연합의 미카(MiCA)와 미국의 지니어스법(GENIUS Act) 등 주요국의 규제는 스테이블코인이 단순한 암호화폐나 RWA 토큰 같은 가상자산이 아닌 결제 수단이라는 시각에서 접근한다. 이에 따라 제도화의 초점을 주로 자산 담보 모델에 맞추어 이용자 보호와 금융 안정성 확보를 위해 발행자에게 은행에 준하는 준비 자산 관리 및 투명한 정보 공개, 자금 세탁 방지(AML) 및 고객 확인(KYC) 절차의 준수 등을 요구하고 규제 당국의 면밀한 감독 등을 규정하는 것이 일반적 추세다(European Union, 2023). 알고리드믹 모델은 명시적으로 금지하거나 아예 논의의 대상에서 배제한다. 수많은 실패 사례들에서 증명된 것과 같은 심각한 내재적 위험을 규제 당국이 간과할 수 없다는 것이 주된 이유다. 단순한 페그의 유지를 넘어 테라 사태와 같은 대규모 시스템 리스크를 미연에 방지할 안전장치를 갖추지 못하면 알고리드믹 모델이 결제 수단은커녕 제대로 된 투자 대상으로 인정받는 것조차 쉽지 않은 것이 현실이다(Liu et al., 2023).

알고리드믹 모델의 시행착오는 어쩌면 탈중앙화 이념과 제도의 상충이라는 본질적 문제를 제대로 이해하지 못하고 코드의 지배와 인간 심리의 불완전성 사이의 균형을 찾는 데 실패한 결과일 수 있다. 발행자 및 투자자의 탐욕과 공포가 초래하는 시장의 이상 반응에 대한 다양한 사례는 이미 충분히 축적되었다. 탐욕과 공포라는 불완전한 인간 심리를 억제할 수 있는 제도적 장치를 갖추지 못한 채 탈중앙화라는 이념의 순수성만을 추구한 결과는 항상 참담한 실패였다. 인간의 이성적 행동을 전제로 설계된 알고리즘만으로 페그를 안정적으로 유지할 수 있다는 순진한 믿음이 냉혹한 현실의 시장 환경에서는 무력했기 때문이다(Protos, 2022).

하지만 이러한 한계에도 불구하고 알고리드믹 모델이 보여 준 혁신 잠재력과 실험의 가치는 여전히 소중하며, 반복된 실패의 경험은 명확한 문제의식에서 출발해서 추가적인 개발 방향을 수립하는 데에 매우 유용한 시사점을 제공한다. 수많은 실패가 남겨준 교훈은 명확하다. 어떤 형태로든 제도와 같은 수준의 강제력을 알고리즘에 내재시킬 수 없다면 스테이블코인의 탈중앙화는 성공할 수 없다(Kurovskiy & Rostova, 2023). 암호화폐 담보 모델인 다이의 사례는 탈중앙화를 추구하더라도 상당한 수준으로 페그의 안정성을 확보하는 것이 가능하다는 것을 다양한 시장 상황에서 입증했다. 알고리드믹 모델의 치명적인 취약성 중 하나가 탐욕으로 인한 시스템 리스크의 축적과 공포로 인한 투매라는 자기 실현적 피드백 루프의 형성을 억제하기 어렵다는 점이다. 그러나 다이의 초과 담보 원칙과 강제 청산 메커니즘은 탈중앙화를 추구하면서도 이러한 피드백 루프의 형성을 억제하고 부실의 전염을 조기에 차단할 수 있는 완충 장치를 갖추는 것이 가능하다는 것을 보여 주었다. 또한 중앙화된 전통 금융의 영역에 있는 은행 예금은 이중 화폐제도 같은 안전장치만 갖춰지면 초과 담보로 인한 과도한 자본 부담 없이 준비 자산의 건전성을 확보할 수 있다는 것을 보여 주었다.

알고리드믹 스테이블코인이 완벽한 지급 결제의 수단으로 자리 잡으려면 수많은 난관을 거쳐야 한다. 금융 및 기술 혁신의 역사에서 실패는 단순히 좌절이 아니라 설계 개선과 제도 정비를 촉발하는 핵심 동력으로 작용해 왔다. 알고리드믹 모델의 대담한 실험 역시 예외가 아니다. 실패 사례를 통해 얻어진 교훈들을 종합해서 암호화폐와 디파이의 미래 발전에 중요한 통찰을 얻고, 보다 견고하고 안전한 모델을 개발하기 위한 혁신을 지속해야 한다. 이를 통해 알고리드믹 모델이 디파이 생태계 내에서 비교적 안정적인 투자 매개체로 사용하기에 큰 부족함이 없는 수준을 달성할 수만 있어도 매우 큰 성취라 할 수 있다. 결제 수단으로서의 광범위한 통용성은 다음 단계의 실험을 통해 확보하면 된다.

새로운 실험의 제안

새로운 혁신을 추구할 모델 개발의 기본 방향을 다음과 같은 몇 가지 기본적 요소를 중심으로 정리해 볼 수 있다.

첫째, 탈중앙화를 유지하면서 페그의 불안정이나 심지어는 그 붕괴까지도 완벽하게 대비하는 것은 실질적으로 불가능하다. 손실 분산을 통해 일부 발행자의 문제가 전체 발행자의 문제로 확산되는 전염을 차단하는 것을 목표로 삼는 것이 현실적이다. 또한 이중 화폐제도와 유사하게 토큰 발행의 기반이 되는 플랫폼이 중앙 금고(central vault) 역할을 수행하면 개별 발행자의 과도한 자금 부담을 줄이면서 시스템 전체의 안전성을 강화하는 것이 가능하다.

둘째, 메이커다오와 같은 발행 플랫폼과 볼트 개설자인 발행자를 명확히 구분해서 역할을 분담해야 한다. 발행 플랫폼은 개별적인 발행자의 탐욕과 공포가 과도한 긍정적 및 부정적 피드백 루프를 형성하는 과정을 억제하는 역할을 수행해야 한다. 발행자는 담보를 제공하는 것이 아니라 스테이블코인 대금을 지급하는 것이므로 초과 담보나 시장 가치 유지와 같은 추가적 의무를 부담하지 않아야 한다.

셋째, 발행자는 원칙적으로 디파이 프로토콜을 운영하며, 프로토콜 이용자는 스테이블코인을 투자 매개체로 이용한다. 자본 효율성 확보를 위해 발행자가 플랫폼에서 스테이블코인을 발행할 때 자신의 프로토콜 토큰을 지급하는 것을 허용하는 것이 바람직하다.

넷째, 플랫폼은 중앙 볼트를 운영하면서 발행자에게 받은 프로토콜 토큰의 일부를 수익 자산 및 안전 자산으로 바꾸어 준비 자산으로 보관한다. 각 자산의 비중은 예를 들어 30% : 30% : 40%와 같이 사전에 결정된다. 안전 자산은 이중 화폐제도의 지급준비금에 해당하며, 탈중앙화 방법론으로 통제 가능하도록 법정화폐 담보 스테이블코인이나 국채 기반 RWA 토큰 등으로 구성한다. 수익 자산은 암호화폐 및 디파이 투자 지분이나 회사채 기반 RWA 토큰 등 운용 수익을 발생시켜 플랫폼 운영자가 비용을 충당하고 이윤을 확보할 수 있게 한다.

다섯째, 발행 플랫폼은 독자적인 레이어 1 혹은 레이어 2 네트워크를 운영하며, 스마트 콘트랙트를 이용해서 '1토큰=1달러'와 같은 원칙에 따라 내생 토큰과 스테이블코인을 교환해 주는 스왑을 실행한다.

여섯째, 디파이가 고수익을 미끼로 스테이블코인을 대규모로 발행해서 시스템 리스크를 축적시키지 않도록 중앙 볼트 내에 특정 발행자의 프로토콜 토큰 비중을 제한한다. 예를 들어 5%와 같이 미리 정해진 비율을 초과하는 경우 더 이상 해당 발행자의 스테이블코인 신규 발행을 허용하지 않는다.

일곱째, 플랫폼은 개별 발행자가 운영하는 디파이 프로토콜의 시스템 리스크 관련 지표의 변화와 유동성 등 운용 상황을 모니터링하고, 이상 상황이 포착되거나 시장에서 특정 프로토콜의 토큰 가격이 급락하는 경우 해당 발행자의 신규 스테이블코인 발행을 중단한다. 이를 위해 의미 있는 모니터링 지표를 개발하고 이를 체계적으로 제공하는 신뢰할 수 있는 오라클 네트워크를 구축해야 한다.

여덟째, 시장의 이상 상황이 지속되어 페그의 붕괴가 우려되는 경우 긴급 폐쇄(Emergency Shutdown) 절차에 들어가서 모든 발행자의 신규 스테이블코인 발행을 중지하고 중앙 볼트를 청산해서 이미 발행된 토큰을 상환하는 절차에 돌입한다. 다이의 긴급 폐쇄와 같은 방식으로 프로토콜을 폐쇄하고 정산을 거쳐 손실 최소화를 도모하는 안전장치를 갖추는 것이 시장 신뢰 확보에 도움이 된다(MakerDAO, n.d.).

위 모델은 과거의 실패들이 남긴 교훈을 메커니즘에 직접 반영 가능한 몇 가지 핵심적인 특징으로 정리함으로써 단순한 이론적 구상을 넘어 향후 알고리드믹 모델 개발에 중요한 방향성을 제시한다. 특히 중앙 볼트의 다각화된 준비 자산 포트폴리오는 순수 알고리즘 모델의 취약성을 보완하고 대규모 투매 시 시스템이 시장에 개입하여 페그를 방어할 수 있는 현실적인 힘을 제공한다. 또한 시장 가격 복원을 위한 내생 토큰과의 스왑을 실행하는 발행 플랫폼이 직접 준비 자산 내의 개별 프로토콜 토큰 비중을 제한함으로써 디파이 운영자의 탐욕이 과도한 시스템 리스크를 축적하는 것을 사전에 방지한다. 제안된 모든 요소가 스마트 콘트랙트를 통해 자동화될 수 있어 탈중앙화 이념을 충실히 추구하면서, 이중 화폐제도의 중앙은행과 같은 역할을 하는 중앙 볼트의 투명성과 예측 가능성을 극대화해서 운영 주체의 도덕적 해이를 억제하고 시스템에 대한 신뢰도를 높인다.

이 모델은 스테이블코인이 법정화폐와 완전한 단일성을 확보하기는 어렵다는 현실 인식에서 출발해서 디파이 생태계 내의 투자 매개체라는 현실적이고 기능적인 목표에 집중한다. 알고리즘의 유연성과 담보의 견고함을 결합하여 시스템이 다양한 시장 환경 변화와 스트레스 상황에 능동적으로 대처하고 회복 탄력성을 확보하는 데에 초점을 맞춘다. 특히 다이와 유사한 긴급 폐쇄 메커니즘은 최악의 경우 예측 가능한 손실 분담을 통해 시스템의 궁극적인 안전장치 역할을 한다.

이 모델이 현실성을 갖추려면 아직 보완해야 할 부분이 많다. 특히 발행 플랫폼의 거버넌스 구조, 오라클 실패에 대비한 다중화 및 대체 절차, 그리고 긴급 폐쇄에 따른 시장 충격을 완화하기 위한 단계적 완충 장치 등을 신중히 설계해야 한다. 그럼에도 불구하고 이 모델은 현재 규제 공백 상태에 갇혀 있는 알고리드믹 스테이블코인을 제도권으로 수용하기 위한 현실적 경로를 제시한다. 시장의 탐욕과 공포가 시스템 전체를 뒤흔들지 못하도록 합의된 제약을 코드에 내재화하는 일은 매우 중요하다. 탈중앙화를 추구하는 금융 혁신의 지속 가능성은 무조건적 자율성의 추구가 초래할 혼란을 최소화하기 위해 코드에 규율을 내재화하는 실천에 달려 있다. 이 모델이 제시하는 다각화된 담보 관리, 체계적 리스크 통제, 그리고 현실적인 목표 설정은 향후 실험과 설계 개선을 위한 중요한 가이드라인이 될 것이다.

참고문헌

European Union(2023.6.9). Regulation (EU) 2023/1114 on markets in crypto-assets(MiCA). Official Journal of the European Union, L 150/40. https://eur-lex.europa.eu/legal-content/EN/TXT/PDF/?uri=CELEX:32023R1114

Liu, J. et al.(2023). Anatomy of a run: The Terra Luna crash. NBER Working Paper No. 31160. National Bureau of Economic Research. https://www.nber.org/papers/w31160

MakerDAO(n.d.). Maker Protocol Emergency Shutdown. MakerDAO Documentation. https://docs.makerdao.com/smart-contract-modules/shutdown

Protos(2022). Basis Cash: The failed algorithmic stablecoin — Do Kwon didn't learn from it. https://protos.com/basis-cash-the-failed-algorithmic-stablecoin-do-kwon-didnt-learn-from/

Kurovskiy, N. & Rostova, G.(2023). How algorithmic stablecoins fail. https://www.snb.ch/dam/jcr:5140cb30-3c8c-433d-8619-0354b8f1036e/sem_2023_05_26_rostova.n.pdf

이건호

국민은행장을 역임했고, 현재 KDI국제정책대학원 초빙교수이며, 예금보험공사 사외이사다. 서울대학교 경영대학과 동 대학원 경영학과를 졸업하고 미국 미네소타대학교에서 금융 전공으로 경영학 박사학위를 받았다. 한국금융연구원 은행팀장, 연구위원장 등을 역임했다. 다수의 은행 컨설팅과 정부 금융정책 자문에 참여했고 IMF 구제금융 시 금융감독위원회 구조개혁기획단 어드바이저로 활동했다. 조흥은행 및 국민은행의 리스크관리 부행장과 토스뱅크 사외이사를 역임했다. KDI국제정책대학원 MBA 및 자산관리 석사과정 주임교수를 역임했고 재정경제부, 금융위원회, 금융감독원의 금융규제·감독개선 TF, 금융발전심의회, 상호저축은행 경영평가위원회에 참여했다. 우체국금융, 자산관리공사, 저축은행중앙회, 행정공제회, 고용보험기금, 새마을금고연합회의 리스크관리위원으로도 활동했다. 학술 논문과 연구 보고서를 다수 발표했고, 저서로 『스테이블코인』(2025), 『중앙은행 디지털 화폐』(2025), 『인공지능과 블록체인』(2024), 『블록체인과 국가』(2023), 『토큰 증권』(2023), 『탈중앙화와 크립토 시스템』(2022), 『코인의 과거, 현재, 미래』(2022), 『비트코인의 방법』(2021), 『이건호의 뱅크엑스』(2017), 『위험 관리론』(1999), 『ALM I』(공저, 1997), 『ALM II』(공저, 1997)가 있다.